黄河大系

The
Yellow River
Series

图录卷

李世华 主编

陈孟继 编著

齐鲁书社
·济南·

乔建业《大河依旧东流去》（局部）

图书在版编目（CIP）数据

黄河大系.图录卷/李世华主编;陈孟继编著.--
济南:齐鲁书社,2024.3
　ISBN 978-7-5333-4826-7

Ⅰ.①黄… Ⅱ.①李…②陈… Ⅲ.①黄河流域—历
史—图集 Ⅳ.①K928.42

中国国家版本馆CIP数据核字（2024）第050562号

统　　筹：王　路　张　丽
责任编辑：刘　强　马素雅
装帧设计：蔡立国　张　宜　亓旭欣

黄河大系·图录卷
HUANGHE DAXI·TU LU JUAN
李世华　主编　陈孟继　编著

主管单位　山东出版传媒股份有限公司
出版发行　齐鲁书社
出 版 人　王　路
社　　址　济南市市中区舜耕路517号
邮　　编　250003
电　　话　总 编 室（0531）82098512
　　　　　发行中心（0531）82098521　82098519　82098517
网　　址　www.qlss.com.cn　E-mail:qilupress@126.com
印　　装　北京雅昌艺术印刷有限公司
经　　销　新华书店

规　　格　16开（210mm×285mm）
印　　张　29
插　　页　4
字　　数　253千字
版　　次　2024年3月第1版
印　　次　2024年3月第1次
ISBN 978-7-5333-4826-7
审 图 号　GS（2024）0925号
定　　价　480.00元
　　　　　如有印装质量问题，请与出版社总编室联系调换。

《黄河大系》编纂指导委员会

《黄河大系》学术顾问委员会

《黄河大系》编辑出版委员会

总　序

　　"三万里河东入海，五千仞岳上摩天。"百万年如斯，奔腾不息的黄河之水滋润了中华大地，哺育了中华民族，孕育了中华文明。故《汉书》总结道："中国川原以百数……而河为宗。"

　　2019年9月18日，习近平总书记在河南郑州的黄河流域生态保护和高质量发展座谈会上提出，"黄河是中华民族的母亲河""保护黄河是事关中华民族伟大复兴的千秋大计"，要"保护传承弘扬黄河文化，让黄河成为造福人民的幸福河"。这不仅道出了黄河及黄河文化对中华民族生存发展的重大历史意义和现实意义，也表明党中央和习近平总书记对黄河及黄河文化的亲切关怀和高度重视。

　　水脉牵系着血脉、延续着文脉。黄河文化源远流长、一气呵成。从甘肃一带的大地湾文化，到中游的仰韶文化，再到下游的大汶口文化，黄河文化多元一体，正如波澜壮阔、绵延不绝的黄河之水，生动活泼、兼容并蓄，既丰富了黄土文明，又成就了中原文明、海岱文明，成为中华文明的主要表征和重要载体。从青海源头，到黄土高原，再到中原大地、华北平原，黄河文化跳跃跌宕，穿越时空，向光而生，气势如虹，"忽如一夜春风来，千树万树梨花开"，绽放出笃厚神圣、繁荣璀璨的文明之花。汉风唐韵，丝路华章，中华文明从这里出发，走向四面八方。

　　黄河文化催生的思想观念、道德情操、审美品格和科学智慧，蕴含着中华民族深沉的行为准则，对中国传统社会的政治范式、经济格局、文化理念、科技思维等方面有着深远影响。在不同族群和文化交流的灿烂星河中，黄河文化形成生生不息、开放包容的特质，反映在不同时期的典籍史料、艺术作品以及科技成果中，无不以物质形式或精神形式展现出来，并深深影响着人们的社会生活和精神建构。

黄河文化的形成、发展、传承，在不同流域、不同时代、不同族群形成了鲜明的特色，又反映了中华民族千百年来顺应自然、认识自然、改造自然、保护自然的共性过程和结晶，成为中华文明的组成部分和现代中华生态文明的源泉。

正因为黄河的赐予，我们才拥有了世世代代赖以生存的物质宝藏和精神家园；正因为黄河千回百转、勇往直前，我们的文化基因中才有了更加坚忍的品格、更加超凡的智慧、更加鲜明的特性；也正因为文化基因的坚忍、超凡、鲜明，中华民族才形成了熠熠生辉、博大精深的中华文明。

"黄河落天走东海，万里写入胸怀间。"党的十八大以来，习近平总书记立足"两个大局"，就文化建设提出了一系列新思想新观点新论断，形成了习近平文化思想。习近平总书记强调："中国文化源远流长，中华文明博大精深。只有全面深入了解中华文明的历史，才能更有效地推动中华优秀传统文化创造性转化、创新性发展，更有力地推进中国特色社会主义文化建设，建设中华民族现代文明。"

习近平总书记考察调研足迹遍及黄河上中下游九省（区），他将保护黄河作为事关中华民族伟大复兴的千秋大计，亲自擘画、亲自部署、亲自推动黄河流域生态保护和高质量发展，发出了为黄河永远造福中华民族而不懈奋斗的号召。沿黄河九省（区）牢记习近平总书记嘱托，全面加强生态保护治理，着力促进全流域高质量发展，大力保护传承弘扬黄河文化，努力"让黄河成为造福人民的幸福河"。习近平总书记在黄河流域生态保护和高质量发展座谈会上明确指出："黄河文化是中华文明的重要组成部分，是中华民族的根和魂。"在总书记心中，黄河早已同中华民族的苦难辉煌融合在了一起，锻炼出中华儿女的韧性、力量和精神，也为中华民族赓续发展注入不竭动力。

2022年10月28日，习近平总书记考察安阳殷墟遗址，遍览青铜器、玉器、甲骨文等出土文物，细察车马坑展厅商代畜力车实物标本和道路遗迹……总书记感慨道："我们的文化自信就是从真正能证明我们的久远历史中来……"

为深入研究阐释习近平文化思想的科学内涵，推进中华优秀传统文化"两创"工作，以黄钟大吕式作品书写新时代黄河精神，助力黄河文化保护传承弘扬，铸牢中华民族的根和魂，增强文化自信自立自强，建设中华民族现代文明，为中华民族伟大复兴提供强大精神动力，用黄河故事讲好中国故事，传播好中国声音，以高质量出版工程服务读者，奉献社会，山东省策划推出《黄河大系》，在中华文化保护传承弘扬的重要承载区建设方面走在前面并提供山东样板素材，同时，力争以黄河文明为抓手和突破口，在建设中华民族现代文明方面做一些探索。

　　《黄河大系》从沿黄河九省（区）所共有的文化特色着手，既有对黄河历史、文化、艺术的梳理，也有对民艺民俗及水利、生态等的呈现，既回望传统，又观照当下，多角度、广层次、图文并茂地展现黄河文化的内涵和魅力。

　　《黄河大系》包括《图录卷》《文物卷》《古城卷》《诗词卷》《书法卷》《绘画卷》《戏曲卷》《民乐卷》《民艺卷》《民俗卷》《水利卷》《生态卷》共十二卷，每卷或为一册，或分为两册、三册不等，整体规模为二十册，三百六十余万字，四千三百余幅图。这十二卷图书内容相辅相成，生动全面地展示出黄河作为中华文明摇篮的丰富多彩、万千气象。这十二卷图书内容不仅关注人类文明的既有辉煌，而且着眼人类文明新形态的创造：从《文物卷》探寻中华文明的源头；从《古城卷》《民乐卷》《民艺卷》探索人类文明成果的创造性转化和创新性发展，为文明的演进生发提供启迪；诗词、书法、绘画这些黄河文明固有的艺术成果形式，也终将如黄河之水内化为中华文明生生不息的天然动力，为推进人类文明新形态建设提供智慧源泉；《水利卷》和《生态卷》则重在探索共生文明，助力生态文明和人类命运共同体的构建……

　　"周虽旧邦，其命维新"。和合共生，自强不息。黄河，从中华民族厚重深远的精神河床流淌而来，正向着中华民族伟大复兴的波澜壮阔奔腾而去！

　　"江河之所以能冲开绝壁夺隘而出，是因其积聚了千里奔涌、万壑归流的洪荒伟力……现在，中国人民和中华民族在历史进程中积累的强大能量已经充分爆发出来了，为实现中华民族伟大复兴提供了势不可挡的磅礴力量。"

《黄河大系》的编纂出版是一项基础工程，是一个继往开来、努力探索的过程。我们将以出版《黄河大系》为契机，深入贯彻落实习近平文化思想，落实好习近平总书记在黄河流域生态保护和高质量发展座谈会上的重要讲话精神，立足黄河文明的深厚资源，发扬中华文明的自信自觉优势，为黄河流域生态保护和高质量发展蓄势赋能，为实现中华民族伟大复兴作出贡献。

序

黄河文化是中华文明的重要组成部分，是中华民族的重要根基。有关黄河文化的古籍文献卷帙浩繁、品类庞杂、内容丰富。在这些黄河文化遗产中，有关黄河的绘画和舆图是其中颇具直观性和视觉美感的门类，在保护、传承、弘扬黄河文化及延续黄河历史文脉方面，发挥着文字材料难以描述的独特功效。

《图录卷》为便于集中展示，所选绘画、舆图通汇为一体，按照所表现的内容分门别序，编订为四个部分，并逐图加以考订，附以简说。

第一部分"雄浑万里"，着眼于黄河主体形象塑造留存，收录描绘黄河河形河势、沿岸地理、近旁胜景等自然样貌和人文意象的绘画，以及用传统山水画法描绘黄河水道及其沿线地理、人文环境的舆图，共27组53幅（卷），大致以绘制年代为序排列。绘制形式主要为手卷、立轴、扇面、册页、插画、版画，材质为绢本、纸本，绘制技法有水墨、青绿、没骨、浅绛、白描、指画和墨印，绘制年代为北宋至清代。需要说明的是，这部分中的一些黄河舆图，如靳辅黄河图、王石谷全黄图等，由其绘制形成机制中进呈皇帝使用、河道官员主导、绘画名家执笔等要素特点所决定，这些图一方面是在表现黄河地物样貌上力求准确的传统地图，另一方面是采用山水画法力求美观的绘画作品。

第二部分"襟带家国"，着眼于黄河与人类环境关系，选录描绘黄河沿岸城镇与黄河自然关系样貌和人文意象的绘画、以传统山水画法描绘城镇近旁黄河河情水势及黄河与社会活动关系的舆地河图，共20组100幅（卷），大致以绘制年代为序排列。描绘内容涉及关洛一带依托黄河及泾、渭、洛、汴等主要支流发展形成的皇城宫殿，沿岸府、州、县等行政治所和镇、卫、所、堡、营等军事驻所。形式主要为单幅、手卷、册页，材质为绢本、纸本，绘制技法有界画、水墨、青绿、金碧、浅绛，绘制年代为隋唐至清代。

第三部分"关河古事"，着眼于黄河周边人类活动，选录描绘黄河相关历史事件和人物故事的绘画，共 23 组 119 幅（卷），大致以绘画内容相关历史事件和人物故事发生时间为序排列。绘画描绘内容上迄夏商周三代旧事，下至明末战事。绘画形式主要为画集册、插画、版画、长卷、立轴，以图文相配形式居多，材质为绢本、纸本，绘制技法有水墨、白描、青绿、浅绛以及木刻墨印，绘制年代为北宋至清代，个别伪托之作上至汉代。

第四部分"会挽狂澜"，着眼于黄河治理与利用，收录描绘黄河水患、黄河治理及黄河水利、漕运等内容的绘画及工图，共 13 组 76 幅，大致以所反映的内容和绘画时间为序排列。绘画内容上迄大禹治水，下至清代筑堤保运和晚期山东黄河归海，绘制形式有长卷、立轴、册页、插图、刻石，材质为绢本、纸本、石，绘制技法有水墨、青绿、浅绛、描金、白描、刻石等，绘制年代为汉代至清代。

为叙述方便，书中所选图画，其图名一律不加书名号；选录其中附图、插图的书名则使用书名号。

《图录卷》所选仅仅是黄河相关绘画和舆图中的一小部分，更是黄河文化的沧海一粟。但从这些图画中，我们也能深切感受到千百年来黄河波澜壮阔、奔腾不息，恰如中华文化生生不息、奔涌向前，已经成为中华民族长盛不衰的重要文化基因。希望本书对黄河历史记忆的进一步挖掘，对保护、传承、弘扬黄河文化以及推动黄河流域生态保护和高质量发展起到一定的作用。

目　录

卷二　襟带家国 / *131*

综　述

　　图画是人类记录历史的重要手段。从茹毛饮血的原始阶段，人们就将对于世界的探索、感受和认知，总结为具象的画面，以绘画、刻划、烧造、雕塑等方式，固化保留于岩壁、洞穴、陶器、动物甲骨，是为以图记史的肇端。我国自古以来就有"图经书纬""左图右史"的传统，认为文字和图画相辅相成，图画和历史互补互证。

　　从某种意义上讲，水的使用和河流的治理，是人类历史上最基础、最重要的社会活动和治理内容。人类社会从一般性的公共事务治理到国家治理，水是起点，也是主线。黄河作为中华文明发端的重要河流，在我国"辅书""证史"的图画传统中，一直是文化艺术创作的重要题材内容，留下了大量图画成果。这些图画成果，从形式上大体可分为绘画和舆图两大类，其中还存在具有地图性质的山水画、采用山水画法的舆图两小类，具有与传统绘画、传统舆图明显不同的形式或内容特征。

　　描绘黄河的绘画，按照其绘画内容，大致可分为五种类型，分别为黄河形势图、临黄城镇图、黄河故事图、黄河诗意图、黄河水利图。

　　黄河形势图是直观描绘黄河河形河势、沿岸地形、近旁胜景等自然地理样貌及其人文意象的山水绘画。见载最早的为唐裴孝源《贞观公私画史》所记魏少帝曹髦绘黄河流势图，惜不传。至宋代，世居黄河之滨的河中马氏，相继有五代画家供职于两宋画院，其家学相袭以勾染技法画水的作品中，有多幅专绘黄河，如马兴祖浪图、马远水图卷之黄河逆流，等等。另有托名马远水二十景图卷之黄河、张骞乘槎、淙湍惊涌、禹门三级、太白骑鲸五段，明孙克弘两次背临马远水图之黄河逆流、柱石中朝。南宋陈容善画龙，其传世作品中多有将黄河龙门一带山水激荡形势作为龙行背景，题跋中常有"龙门三峡浪如山""抉河汉，触华嵩""接昆仑之气脉，决河汉而霖雨"之类语句。明代陈洪绶黄流巨津以戏剧化的画面布局，描绘黄河浊浪滔天，人船鼓荡而兴，为古代绘画作品中表现黄河生机和张力之最。清高其佩以手指作画，绘有黄河龙门、函关、华山等处山河景象。黄河多水患，"河清海晏"是古代对黄河治理和政治清明的比拟和期待，也成为黄河绘画传统主题，如石涛海晏河清图、叶欣黄河晓渡图等。"鱼跃龙门""砥柱中流"等典故所延伸的美好寓意，也是黄河绘画的常见主题，多见于山水绘画、风俗绘画和版画、插画中。

黄河形势图中，还有一批具有地图性质的绘画。南朝宋王微在著名画论《叙画》中说："古人之作画也，非以案城域，辩方州，标镇阜，划浸流。"他明确指出山水画要区别于地图，不然只能算是在画地理图标，并不是在创作真正意义上的山水画。黄河山水画中，恰有一批用写实手法描绘具体地理实景，甚至在图中以文字明确标注地理要素的绘画，大约分两类：一类为胜景图，为描绘山水名胜的实景绘画。传世较早的为元明时期托名宋徽宗辑、汉至宋人绘制的天下名山图册，其中飞云岩图、首阳采薇图、芒砀瑞应图、苏门闻啸图、稷神山图、函关策塞图等绘及黄河内容。之后明清时期出版流传的多版本名山图，《三才图会》《图书编》《古今图书集成》等类书的山川地理卷，《关中胜迹图志》等专志及众多地方志书，《新镌海内奇观》《天下名山胜概记》等游记导览书，《程氏墨苑》等图谱书，均有插图版画描绘黄河沿岸名山名胜实景，主要有陕西、山西、河南的华山、嵩山、广武山、首阳山、北邙山、历山等历史文化名山，壶口、吕梁、孟门、龙门、砥柱等黄河胜景，图中多有文字注记山岭、河流、庙宇、村镇、府县等地名，在一定意义上具有实景地图性质。其中以清乾隆时期巨幅册页集《墨妙珠林》之励宗万绘二十四名山图最为精美。另一类为纪行图，又称纪游图，为记录游历行程并体现游览过程的实景绘画。纪行图滥觞于吴门画派，最早作品为洪武十六年（1383）王履秋游关陕之后，于第二年根据写生稿绘制而成的华山图册40开，配以自书记、诗、跋、序26开，绘记其扶策登凌华山绝顶时"以纸笔自随，遇胜则貌"的游览体验，其中第28开图绘记其于华山东峰遥看黄河、潼关"河借斜阳透野烟"情形。明万历年间，王世贞邀陆治摹王履华山图，又延请钱榖、张复为其记录自太仓至北京赴任沿途所历，绘为水程图84帧，图中文字注记大运河地理节点地名110处，可称为一部地图式山水画集。其中张复附舟北上所绘淮安至夏镇间"河槽"水程各图，大多为黄河行运实景写照。沈周两江名胜图，绘及淮安府、山阳县联城黄运淮交汇分流情形。唐寅沛台实景图描绘与大学士王鏊登沛县歌风台遥看漕河行运情形。松江画家董其昌纪游图，亦有多幅绘及黄河徐州、吕梁二洪。清代记录皇帝南巡沿途行程事迹及所历名胜的纪行图有多种。王翚等绘康熙南巡图十二卷，总长度213米，表现康熙二十八年（1689）第二次南巡，自京师出发至浙东绍兴大禹陵沿途历经的主要山川胜景和活动，以及从南方回京沿途的情形。其中第四卷省视黄河一图，描绘邳州至淮安一带黄河行运、治理工程等情形。徐扬等绘乾隆南巡图十二卷，总长度154米，取清乾隆十六年（1751）第一次南巡御制诗十二首诗意，描绘从北京出发，过德州、过运河、渡黄河、沿运河南下过长江以至浙东绍兴，从绍兴回銮，沿途所历山川形胜、街市民情及省方问俗、察吏安民、视察河工、检阅师旅、祭祀禹庙等活动。其中第三卷渡黄河、第四卷阅视黄淮河工、第十一卷顺河集离舟登陆，绘有清河、淮安、宿迁一带黄河河工情形。另外，钱维城乾隆南巡驻跸图册、乾隆年间江南省行宫坐落并各名胜图、《钦定南巡盛典》程途卷插图等，都有乾隆南巡所历黄河相关名胜的绘画。清代后期以图画绘记生平经历的图书，绘有黄河情形的，主要为张宝《泛槎图》和麟庆《鸿雪因缘图记》。

临黄城镇图是描绘黄河沿岸依河而兴的城镇样貌的绘画，描绘内容主要涉及关洛一带依托黄河及泾、渭、汴、洛等主要支流发展形成的城市、宫殿、郊野风貌。传世最早的为隋展子虔游春图，描绘两京之间、关洛一带河岸郊野景象。唐李思训京畿瑞雪图、九成避暑图，李昭道龙舟竞渡图、洛阳楼图，描绘西都长安、东都洛阳等地河水绕城、漕渠通达情形。后世亦有大量画作追想盛唐两京城河盛况，如北宋郭忠恕明皇避暑图、张敦礼松壑层楼图和元代王振鹏大明宫图。宋代黄河城镇图最著名的是张择端清明上河图，细致描绘都城汴京东角子门内外和汴河两岸的繁华景象。金明池争标图描绘宫廷内苑金明池龙舟竞渡的盛大场面。元明以后多有画家意绘黄河流域历代名都盛苑景象。元代夏永黄楼赋图，绘黄鹤楼，题书苏辙《黄楼赋》全文，记述苏轼在徐州治理黄河水患事迹。王振鹏宝津竞渡图、金明夺锦图描绘宋代汴京三月三水上龙舟赛事盛况。明代仇英上林图，取意西汉司马相如《上林赋》，描绘汉武帝时渭河之滨上林苑狩猎景象；归汾图描绘汾河流域物景；独乐园图取意司马光《独乐园记》，描绘洛阳园景风貌，绘出洛河及万安、轩辕、太室等山。清代袁江阿房宫图、梁园飞雪图、九成宫图，袁耀汉宫秋月图、汉宫春晓图、骊山避暑图、山雨欲来图，唐岱庆丰图、新丰图，大多描绘渭河一带汉唐旧宫景貌。清后期兰州黄河有多幅城河面貌绘画，如同治年间黄河兰州浮桥图、同光间画家马五金城揽胜图等。

黄河故事图是描绘黄河相关历史事件和人物故事的绘画。绘制时间见载最早的，为魏少帝曹髦绘新丰放鸡犬图，描绘刘邦在长安附近为其父照原貌新造丰县旧居的故事，从旧居捉来放于新造乡村的鸡犬，都能循路走回自家。描绘故事内容时间最早的有清代孙家鼐等纂辑的《钦定书经图说》精绘插图570幅，《尚书》所载上古三代故事均被条分缕析予以绘图展现，黄河相关的有导河治水、太康失国、盘庚迁殷、武王伐纣、成周迁洛、汤武用命等古事图画53幅。明清之间多见绘图教谕类图书，图文相配，讲述前代故事，或劝喻皇帝，或教化士民，如明张居正编《帝鉴图说》、清陈世倌《圣帝明王善端录》及《孔子圣迹图》等，其中多有黄河相关内容。古代文人画中有大量人物故事画，黄河相关的常见题材有周文王访姜太公、伯夷叔齐义不食周粟、晋文公复国、孔子拜老聃、老子出关授经、五老告河、弘农渡虎、张骞河源乘槎、唐太宗便桥会盟、昭君出塞、文姬归汉等，绘制时间大致从五代至明清，绘画作品繁多，所绘人物形象、场景画面、内容情节都以画家个人意会及绘画意图为基础，画面元素各个不同，所绘黄河地理情形均不写实。南宋萧照绘中兴瑞应图，绘记曹勋所编康王赵构缵承上天灵应的好谶瑞验故事；明末周鼎绘左良玉出师图，绘记崇祯八九年间明军追剿民军的战争场面。此两图均为赞时记事之作，其中黄河画面稍有求实之处。

黄河诗意图是表现黄河相关诗词等文学作品内容的绘画。所绘诗词年代最早的为《诗经》图。《诗经》中有42篇描写黄河流域相关内容。南宋高宗、孝宗曾手书《毛诗》三百零五篇，命马和之逐篇绘画，传为诗书画合璧佳话，后世争相收藏、传摹、伪托。清代乾隆皇帝积年收集马和之《诗经》图十九卷，考订剔除伪作五卷，得真迹十四卷庋藏于景阳宫后殿学诗堂。今仅存十一卷散藏海内外，大多有乾隆印玺和考订题跋。乾隆皇帝又与词臣书写真、草、隶、篆四体《诗经》三百零五篇，并补"笙诗"六篇，复命宫廷画师规抚宋人马和之《诗经》图卷笔意，存者临摹，佚者补绘，以水墨配图311幅，汇编为《御笔诗经图》。《离骚》各篇中《九歌》《天问》多有述议黄河相关内容，如关于黄河河神"河伯"的描写，关于鲧、禹、共工治理黄河的故事，关于羿射河伯、武王伐纣等故事，均与黄河有关。北宋李公麟、张敦礼，元代赵孟頫、张渥等绘九歌图，均以黄河为背景绘出河伯乘龙形象。明代萧云从仿李公麟《九歌》图意而分章摘句续为《楚辞》全图。至乾隆时，萧云从绘本仅存64幅图，"其余或原本未画，或旧有今阙"。乾隆帝遂令南书房翰林逐一考订，门应兆仿李公麟笔意增图补绘为《离骚图册》，全册计155幅图，黄河相关内容7幅。东晋顾恺之洛神赋图是黄河相关诗意图中绘画年代最早的，为其读曹植所写《洛神赋》有感而作。唐诗配画始于明代黄凤池辑《唐诗画谱》，传至日本，出现多种《唐诗选画本》，间有黄河相关诗画，所绘黄河特征多为意会。话本、元曲、杂剧、明清小说等文学作品，在明清时期出现大量插图本，其版画内容涉及黄河内容较多，如元曲中《沉黑江明妃青冢恨》《赵盼儿风月救风尘》《北邙山倡和柳梢青》等，《三国志演义》中云长延津诛文丑、曹操官渡破袁绍、马超兴兵取潼关等，戏曲如《西厢记》《紫钗记》等。

黄河水利图是表现黄河水患、黄河治理及黄河水利、漕运等内容的绘画。山东嘉祥武梁祠东汉时期大禹治水画像，是现存最早的大禹形象和大禹治水事迹图。历代大禹治水绘画较多，如唐人绘大禹治水图，宋赵伯驹禹王治水图、禹王开山图，清谢遂仿唐人大禹治水图等，各种帝王事迹图册也大都收绘大禹事迹。北宋高克明三朝训鉴图绘有舆驾观汴涨图，绘记宋真宗亲巡汴河河堤修整、防治黄河水患事迹。传五代卫贤闸口盘车图、北宋郭忠恕柳龙骨车图、南宋李嵩龙骨车图、南宋楼璹灌溉图、元代佚名山溪水磨图等图，描绘了黄河流域地区水利设施情形。《三才图会》《天工开物》《农政全书》《钦定授时通考》等书相关部分的插绘版画中，均有描绘黄河流域船运、捕鱼、灌溉、水力使用等方面的设施设备和方法技巧。《河防一览》《通漕类编》《古今疏治黄河全书》《南河志》《两河清汇》《行水金鉴》等水利图书中，多有插图版画描绘黄河治理相关情况。反映康熙、乾隆皇帝南巡的长卷绘画等，均有绘记皇帝巡视黄河水患灾情、督饬黄河治理工程的内容。清康熙年间黄河筑堤图册，描绘黄河决口堵治施工各环节工作情形，约有设立料厂、挑挖引河、采备河料、捆扎埽料、埽料上堤、拉船进占、打张成占、金门合龙等内容。与之前后相应的有清后期麟庆《鸿雪因缘图记》插图。麟庆曾任职河南开归陈许道、河南按察使，均兼理河道水利事务，其间搜集商周以来历代水工资料，"博观约取，周历工所，互证参稽"，探寻历史上的修河治水经验，并多次亲自督率官民抗洪抢险。后官至江南河道总督，任职十年，专管河务，蓄清刷黄，筑坝建闸，慎勉从事，颇有建树，致南河无事。所著《鸿雪因缘图记》共240篇记、240幅图，一事一图，一图一记，记述其平生亲历见闻。因其志趣所向、职任所关，有48篇记、图详细绘记黄河水利相关事务，是为以图证史的典范。

描绘黄河形貌的舆图大致可分为五种类型，分别为大视域黄河舆图、黄河水道经行图、漕海水系黄河图、黄河水利工程图、临黄城厢舆地图。

大视域黄河舆图，以标绘黄河形貌的政权疆域地图为主，少量为黄河流经的大行政区成套分图和标绘黄河的世界地图。黄河作为象征中华文明的代表符号，源远流长，生生不息。自《尚书·禹贡》肇端，黄河即作为历代行政地理重要参照标系，成为历代王朝治河施政的关注对象，在文献中留下浓墨重彩的记载，也在传统舆图中成为构建疆域框架的重要主题元素。

传世可见最早描绘黄河全貌的地图，也是现存最早的疆域政区图，为两宋时期的五幅碑刻地图，按刻石时间依次为：皇朝九域守令图（1121年）、禹迹图（1136年）、华夷图（1136年）、淳祐地理图（1247年）、咸淳舆地图（约1265—1274年）。皇朝九域守令图、禹迹图、华夷图三图，反映的是北宋后期的地理面貌；淳祐地理图底本由黄裳初绘于南宋绍熙元年（1190），主要表现北宋崇宁二年（1103）的政区建置；舆地图原刻为南宋咸淳年间（1265—1274），早已沦为金、蒙疆域的中原地区仍参照旧志绘为宋土。五图都以加粗单线条形式显著勾画了黄河经行情况，除了华夷图略显粗疏，黄河走向近实，地理图甚至标绘了黄河多次决堤改道情形，杜充决河首开南河河道也在图中有明确标绘。

对河源的描绘，五幅宋碑图差别较大。禹迹图、地理图明确绘出了河出积石山的《禹贡》知识体系特征。舆地图则从《汉书·西域传》的说法，以形象画法绘出了葱岭、于阗两源东注蒲昌海的河源认知。华夷图在此基础上增加了对积石山西南方向另一河源的标绘，显然是受到唐初侯君集、刘元鼎等河源探索认识的影响。对河源探索新认识的标记，还见于北宋元符年间税安礼绘著的《历代地理指掌图》，这是中国现存最早的一部历史地图集。在其中第二十七幅图唐十道图的西部，标注有"星宿海"一名。星宿海的名称在地图上出现，目前所见以此图为最早。

元代大视域舆图见载而不传世的，有《大元一统志》中的彩绘天下总图、朱思本舆地图、李泽民声教广被图、僧清濬混一疆理图，从明人《广舆图》和朝鲜混一疆理历代国都之图中或能窥想其中几图的原貌。传世的大元混一图粗疏至极。

明代彩绘全国地图存世渐多。今见最早成图的，为中国第一历史档案馆藏大明混一图。旅顺博物馆藏杨子器跋舆地图是我国现存古代地图中，最早系统使用图示符号、最早在图内专设图例的全国政区图。这两图都已能在详尽的司府州县位置标定之间，突出以双曲线填涂黄色的图示，准确描绘黄河河道走向。关于黄河源，两图明显突破了河出积石、重源伏流等旧说窠臼，采用了《元史》所录都实探求河源、朱思本译梵字图书中对河源的表述，开始使用葫芦形状标绘河源区域的星宿海、二巨泽，杨子器跋舆地图甚至在南侧绘有两条流入星宿海的河流，并且在这两条河流末端标注"黄河源"。法国国家图书馆藏王泮题识天下舆地图与这两图属于同一系统，均吸收山水画法描绘山水城桥，对于黄河的突出标绘也与两图基本一致。

罗洪先《广舆图》是我国第一部全国地图集，除了专绘黄河图，在总图和涉及的省图、九边图、漕运图、海运图中也都详绘黄河河道走向。《广舆图》以其翔实精准、图法纯熟、久经再版、翻刻、传摹、照搬，产生较大社会影响。《三才图会》等类书中的总图、分舆图、黄河图对其进行了原图照搬，陈组绶《皇明职方地图》以其为蓝本另行加工。美国国会图书馆藏大明舆地图当是罗图衍本系统中的精品，该图册使用彩绘，美化了图符，精简了部分地名，避免了图面拥挤，对黄河位置、走向的描绘更加精准。

清康熙皇帝经由南怀仁等人接受了经纬度概念，授命以西法开展大地测量，以正弦曲线等面积伪圆柱投影法制成皇舆全览图，将中国本土地图的精度推上了一个新水平，成为中国制图学近代化的开端。美国国会图书馆藏皇舆全览图为该图1721年版的精摹本，其对黄河全貌描绘之精准自不待言。之后的雍正十排皇舆全图、乾隆十三排内府舆图、嘉庆及光绪《大清会典》图等，均延续使用西法测绘成图。这些官修地图虽已居当时世界领先水平，但深藏内府，极少流出，没有对19世纪以前的中国制图学形成主导影响，计里画方甚至一般示意图仍是制图主流，如1754—1782年大清分省舆图、1767年大清万年一统地理全图、1798—1800年舆地全图等。

1822年董祐诚绘制、1832年李兆洛刊印的皇朝一统舆地全图，是内府图之外采用经纬线的首创，把经纬制图法带到了民间。此后的官私地图，或如湖北官书局1864年皇朝直省地舆全图，继续袭用传统计里画方之法；或如光绪《大清会典》图，兼用新旧制图法；或如1887年、1896年两种皇朝直省舆地全图，完全摒弃旧法，全部采用经纬度标定方位。其中1887年图甚至使用了晕渲法等西式绘法标绘地标，图形、线条等都与现代地图相差无几。

黄河水道经行图是中国历史时期专绘黄河水道经行及沿线地理环境的舆图，包括黄河全图、分段黄河图和黄河源图。

专绘黄河的舆图见诸记载最早的，是北宋大中祥符八年（1015）李垂的导河形胜计功毕功图，惜不传。元至元十七年（1280）都实、阔阔出等人奉命探求河源，"是冬还报，并图其城、传位置以闻"。都实探黄河源所绘之图，经陶宗仪《南村辍耕录》一书传绘，成为今天所见到的最早的河源图，在世界测绘史、中国地图史上都占有重要地位。加之朱思本译自梵字图书的河源记载，形成了以星宿海、二巨泽、九渡河为主要标志特征的河源绘制形式，成为明清两代舆图、河图中河源地区描绘的主流。

在这之前，舆图中绘制河源主要有三种形式：一是依据《禹贡》记载，绘为河出积石山，此种形式见于宋五碑图中的禹迹图、地理图；二是依据《汉书》说法，绘为河出葱岭、于阗二源，合注蒲昌海，潜行出于积石山，这种说法的影子直到清代仍能在舆图、河图中见到；三是依据唐初侯君集、刘元鼎等历河源、访河源的记载，将河源绘为唐代所称积石山（今阿尼玛卿山）之西南，开始出现柏梁、星宿海的标绘。元代都实探河源之后四五百年，康熙、乾隆先后两次组织黄河探源，绘制刊行黄河源图，形成以扎、鄂二湖及阿尔坦河为主要标志特征的河源绘制体系，在清中后期舆图、河图中逐渐成为主流。

目前所知最早表现黄河全程的舆图，见于元代王喜《治河图略》一书。该书约成于至正四年（1344）河决白茅堤之后不久，用六幅地图并附图说的形式对比古今河道变迁、描绘险工情势、陈说治河方略，成为明清黄河图的渊源。

明代全河图今见较早的为地理学家郑若曾的《黄河图议》，对黄河自发源至入海有图有议，对历代防浚得失尤多论述。稍晚的总理河道大臣刘天和于嘉靖十四年（1535）书刻黄河图说碑，绘黄河流经今河南、山东、安徽一带的地图，为明清河臣主导绘制河图之滥觞。罗洪先参考郑若曾、刘天和图说与图议，改绘加记注形成《广舆图》黄河图，因该书流传广泛而形成一个具有明显承袭源流的黄河图序列。近如《皇舆考》《三才图会》《通漕类编》《地图综要》等明中后期所成书中的黄河图，远至清晚期《戊笈谈兵》中的黄河图，都属于受到《广舆图》黄河图影响的地图。

明代治河能臣潘季驯历嘉靖至万历三朝，四受简命主持治河，前后长达27年，提出"束水攻沙""蓄清刷黄"的主张，完成治理黄河、淮河的工程，保障了漕运畅通。其将所上章奏及相关治河资料汇集成《宸断两河大工录》，后又加增删订，编成《河防一览》一书。其中的"全河图说"是万历十八年（1590）潘季驯在治河告竣后绘制成的工程草图，又称"河防一览图"；万历十九年（1591），其自河道总督离任时，在山东济宁总河衙署将此图勒石刻成全河图碑。该图开创了以长图详绘黄河的先例，详尽表现了自星宿海河源至云梯关入海口之间，黄河沿岸的山川湖泊、府州县城、闸坝桥涵，间附文字说明黄河源流和治河工程，还开创了明清时期将黄河与运河并绘在同一长幅地图内的先例，使人能够一目了然地了解两河河工水利全貌。其后《登坛必究》及《武备志》全河漕图说、《南河志》全河总图等，都是对潘季驯《河防一览》全河图说的照录。薛凤祚《两河清汇》黄运两河图明显受到潘季驯图影响，将黄、运、淮三河并列绘出。康熙年间曾主持治河的崔维雅，其所绘《河防刍议》黄河总图也是经由潘季驯图改绘而成，只不过顺应康熙中期河图绘制风格的变化，将运河从图中剥离。

清代黄河图以河臣主导的官绘图为主，一般在治河工程完竣或河臣离任之际编绘，其绘制河图多以进呈御览为宗旨，且图幅以黄、淮、运河工治理为阅视中心。康熙二十六年（1687），河臣靳辅向康熙帝上"恭报两河水势情形事并进河图"题本，附长卷式青绿山水画鸟瞰黄河图、运河图各一幅。这次画图改变了潘季驯以来黄、运两河并绘于一长图导致方位扭曲变形的传统，将黄、运两河分图单绘，奠定了清代黄河图的绘制风格。靳辅所著《治河方略》亦收绘黄河图。靳辅幕僚陈潢《河防述言》绘录之黄河全图，是康熙朝后期具有典型意义的黄河全域平面图。其后的河道总督张鹏翮也分别绘制并进呈纸本彩绘长卷黄河全图、运河全图，受到康熙皇帝赞赏。其图以平立面结合的形象画法绘制，再以册页形式装帧收入所著《圣谟治河全书》中，便于保存、阅览，更利于传布，因之摹绘传播较广。然而，明潘季驯和清初河图将黄、运两河并置一图的绘法并未立即退出历史舞台，康熙中后期仍有一些大型河渠水利图继承这一绘法，如王石谷全黄图。另有以大尺寸挂图合绘黄、运二河的河渠图类型，避免了长图并绘两河导致的河道变形失真和地理方位错乱问题。

雍正、乾隆年间黄河分治，往往由南河总督和东河总督以辖境为单位，分别绘制单幅江南黄河图、豫东黄河图等，黄河全图遂较少出现。嘉庆、道光年间流传的以六省黄河埽坝河道全图、黄河发源归海图为代表的黄河全图，描绘了嘉庆年间黄河沿线的水利工程，是清中期典型的大型河图。咸丰、光绪年间仍然不断有留心河务的个人摹绘或改绘两图，使两图在当时依旧具有一定的社会影响。光绪十五年（1889），东河总督吴大澂奏请用新法测绘黄河，于光绪十六年（1890）完成并石印刊行山东直隶河南三省黄河全图，这是黄河历史上最早使用经纬度法实测绘制的计里画方平面河道图，开黄河精密测量之先。之后的官绘黄河舆图多以此为基础，如山东巡抚张曜所绘山东黄河下游之图、李鸿章绘呈山东黄河拟护厅汛全图等。张曜、李鸿章此前即参与光绪十六年三省黄河全图的新法测绘。

漕海水系黄河图是描绘黄河水道参与其他水系活动情形的舆图，包括两类：一类是运河图，为反映黄河汇漕、行漕、侵漕以及最终淤漕导致停漕情况的运河水道图、运河泉源图、漕运航运图、运河修防工程图等；一类是沿海图，为反映黄河归流入海口门居徙变迁情况及入海口周边的人文和地理环境等情形的海运图、海防图、山沙图等。

明清两代，漕运为国家大政。彼时黄河主要在江苏北部、山东西部与运河交汇，甚至阶段性局部代漕行运，以济运、侵运、行运等多种方式成为漕运之大梗，因此在运河舆图中常常作为重要内容予以表现。

明清两代治河，一般是指治理运河，两代治河机构的设置及衙署驻地的所在即明证。明代治河的重心，一为护陵，即保护运河附近泗州祖陵、凤阳皇陵，二为保漕，即保证南北漕运畅通。清代治河就是一心保漕，治河面临的最大困难则是黄河。下河地区黄强运弱，黄河常常倒灌运河河道，阻滞漕运；黄河含沙量高，下游缓流沉沙，淤高河道，屡致决溢，冲毁运河河道，最终在改道山东后使运河河道淤废停漕。明清两代治河工程繁剧，历任河臣为治河保运陈情奏绩、著书立说，并多绘制地图以明辨方舆，补口述之未尽，形成运河舆图的主体。黄河为治河保运的最大难题，因而成为图中重要表现对象。明弘治九年（1496）河臣王琼刊行《漕河图志》，卷首载有漕河之图；明代潘季驯《河防一览》，以及清代靳辅《治河方略》、张鹏翮《治河全书》、黄春甫《山东运河图说》、麟庆《黄运河口古今图说》等，皆附有表现运河的舆图。明代谢肇淛撰《北河纪》八卷，首列河道诸图，包括运河图。清代薛凤祚详究黄河、运河两河利病而撰《两河清汇》八卷，卷首列黄河、运河两图，后以四卷记述运河疏浚形势。道光二十年（1840），麟庆撰《黄运河口古今图说》，用文字配图来说明洪泽湖一带黄河、运河交汇清口的历史变迁。

河臣奏报水势河情、治河方略、河工绩效时往往"画图具奏"，河工告竣或离任之际也常编绘专图，以总结治河经验、彰显治河功绩。这些舆图因其绘制背景及使用目的，往往兼具准确与美观，为河图中之精品。康熙二十六年（1687），河臣靳辅向康熙帝上"恭报两河水势情形事并进河图"题本，附长卷式运河图一幅；康熙四十二年（1703），河道总督张鹏翮绘制纸本彩绘长卷运河全图，受到康熙皇帝赞赏；乾隆中后期，河臣萨载、高晋等人治理黄河、运河、洪泽湖交汇之清口工程，绘制黄运湖河全图；嘉庆八年（1803），南河总督吴璥主持黄河下游河道裁弯取直，绘制河图以说明施工的位置和状况。此类河图皆为彰显治河官员自己的治河方略而绘制。

海运图、海防图、山沙图等沿海图，重点反映的是海岸沿线地理要素，黄河尾闾变迁及入海口门居徙变迁情况是其中必须标绘的重要内容。

传世所见沿海图中，最早的是明代军事地理学家郑若曾所绘海防图，见于《郑开阳杂著》万里海防图、《筹海图编》沿海山沙图。郑若曾图为明清沿海图之圭臬，对明代后期至清代中期沿海图有着巨大影响，距当时较近的就有缩改其图的《图书编》万里海防图、增减改绘其图的《虔台倭纂》万里海图等。明代后期还有一些分省沿海图，大多为不同政区地图拼凑而成。

清代沿海图中，影响最大的是雍正年间陈伦炯所撰《海国闻见录》中的沿海全图，该图与明代晚期郑若曾所绘海防图相似，由右向左作"一"字式展开，方向随海岸线的变化而转换，绘制范围东起辽东半岛，西至防城以西的交趾界。不同之处在于，该图采用海洋视角，改为海在下、陆在上，这种不同应是基于实际用途的变化。陈伦炯《海国闻见录》中的地图被清代中后期的大量地图采用，有直接摹绘、刻印的，有对其进行简单修订后摹绘或刻印的，也有按照需求对其进行节选或者增补后摹绘或刻印的。例如，美国国会图书馆所藏两种海疆洋界形势图及七省沿海全图，哈佛燕京图书馆所藏海防图，中国第一历史档案馆所藏沿海疆域图，等等。

同治三年（1864）湖北官书局刻印的南北洋合图、南洋分图、北洋分图，详细标注中国南、北洋海疆形势及沿海重要的河流、城市、界址等。三图虽然采用计里画方方法绘制，但从地图的形式来看，显然是受到康、雍、乾时期西式测绘方法的影响。这类用现代测绘技术绘制的沿海地图在清代后期日益增多。

黄河水利工程图集中描绘流经今河南、江苏、山东等省的黄河下游区段的疏防治理工程。受地形影响，河南孟津以下至入海口之间的河段是黄河决溃泛滥的集中区段，也是黄河治理的重点区段，自然成为传世黄河河工图描绘的主要区段。

清康熙之前的黄河水利工程内容体现于黄河舆图中，一般是将河南武陟以下黄河两岸水利工程的实施时间、地点、绩效等内容，用文字注记形式概要标注在黄河全图或分段图的对应空白处，这类舆图多参照潘季驯《河防一览》图的形式绘制，未见具体明晰的专题河工图。康熙时期，开始出现专绘黄河水利工程的河工图，最早专图详绘黄河水利工程的，是崔维雅所著《河防刍议》。崔维雅历河南、淮扬河工20余年，极为重视河工水利图，主张"长图不能尽而分图以晰之，图不能载而为说以明之"，并将其前后亲身阅历之黄河南北两岸险工绘为26幅分图，辅以文字注记和专门图说，标示河工重点、河防要害。同时期靳辅所著《治河方略》也"间采图志以附于篇"，详标黄河下游各处新旧险工。

雍正年间分置江南河道总督和河南山东河道总督，各以管辖区段为限分别绘制江南省河工图和河南、山东二省河工图，对河政管理机构和经管区段起止界限的标注愈加详细，也出现了针对具体的治河工程专门绘制的专题河工图。这一时期河工图描绘的黄河水利工程主要集中在黄河与运河、淮河、洪泽湖交汇地区，表现河漕关系演变和黄溜冲淤、束清御黄情势等工程内容。这一时期具有代表性的舆图是以历任江南河道总督主导、以江南黄河清口至尾闾河段工程情况为表现重点绘制的进呈本河工图。乾隆十五年（1750），江南河道总督高斌编绘南省黄河图，重点表现乾隆前期江南黄河清口至尾闾河段工程情况。高斌、张师载等编绘的南省河工图说，分图详绘黄河下游自与运河交汇地区至入海口河段及相关地区20处治河工程，后由高晋编入乾隆《南巡盛典》。萨载、高晋等另绘有黄运湖河全图，展现江南省境内黄河、运河、淮河、洪泽湖位置关系变化，以及移建东西坝、陶庄新河并拦黄顺黄坝等专项工程。

嘉庆年间开始，在河务经费拨付使用及核销中，明确要求编绘河防工程图册随本进呈，由此形成了经管河段工程各厅绘制、管河各道押盖关防大印、河道总督部院呈报的河工水利图绘制报送机制，出现了一批以河厅经管区段为表现对象的河厅水利工程图，延续到光绪年间。这类图分两种：一种为咨估图、题估图，作为申报工程经费预算之用，图中标绘计划实施河防工程的名目、界址、丈尺；一种为咨销图、报销图，作为完工报备检核之用，图中标绘实际完成所做工程的名目、界址、丈尺。直到光绪末年撤销河道总督，河务分由各省巡抚统辖之后，仍在一定程度上延续河工咨估题报、完工报备检核的河工图绘呈机制，所见如山东黄河光绪二十七、二十八两年险工图等。

咸丰以后还出现一批以黄河改道穿运情形为主题的河工图，如曾国荃绘呈的铜瓦厢以下黄河穿运堤工图贴说、张曜编绘的铜瓦厢至海口新黄河河道堤工形势图等，直观表现了咸丰五年（1855）以来黄河改道穿运形成的新河道，是了解咸丰至光绪年间黄河、运河体系大变迁及黄河河政变革的第一手史料。

临黄城厢舆地图是明清时期以镇、卫、所、堡、营军事驻所和府、州、县行政治所等城池视角描绘黄河的舆图。中国古代早有地方向中央奏报山川土地舆图的机制，受保管机制、材质状况等实际因素影响，保存至今的地方舆图，除个别宋元志书插图外，基本为明清时期所绘。这些舆图有的涉及黄河河道经行情况，有的专绘地方黄河水利工程，能够明晰显示黄河及其水利工程的相对位置和实施形式。明嘉万年间陕西镇、甘肃镇、宁夏镇、山西镇等边镇战守图，在辖内沿黄各营堡地图中，形象描绘黄河形势及治河、引河工程。山西、河南、江苏、山东等沿黄地方舆图，大都绘有辖内黄河及其支流水系分布、河道变化、入海流路、堤埝工程、引河渠道、土地灌溉、水害灾情等情况。

卷一

雄浑万里

览百川之洪壮兮
莫尚美于黄河

　　本卷收录描绘黄河河形河势、沿岸地理、近旁胜景等自然样貌和人文意象的绘画，以及用传统山水画法描绘黄河水道及其沿线地理、人文环境的舆图，共27组53幅（卷），大致以绘制年代为序排列。绘制形式主要为手卷、立轴、扇面、册页、插画、版画，材质为绢本、纸本，绘制技法有水墨、青绿、没骨、浅绛、白描、指画和墨印，绘制年代为北宋至清代。

1.1 浪图

宋马兴祖绘,绢本水墨,纵20.8厘米,横22.8厘米,日本东京国立博物馆藏"唐绘手鉴"《笔耕园》之一幅。马兴祖,两宋之际河中府(治今山西永济西)人。北宋画家马贲后裔。南渡时移居钱塘(治今浙江杭州),绍兴中为画院待诏。本图用线条和烘染结合的勾染画法,以勾线形式塑造水纹造型,以水墨晕染烘托浪花翻滚的质感,制造出不同的层次结构,巨浪咆哮、激流奔涌、波涛如怒的动感声势跃然而出。马兴祖早年出生、生活的河中、汴梁,都是在黄河两岸的关洛一带,他的绘画风格也雄强挺拔,不似江南的山青水秀。本图所绘当是黄河激浪的生动写照,其孙马远水图卷之黄河逆流图,表现手法、气韵水势均与本图极为相像。

黄河逆流

赐大两府

1.2 黄河逆流图

　　此图为南宋马远水图卷之第六段，绢本，淡设色。全卷共十二段，每段纵26.8厘米、横41.6厘米。藏故宫博物院。

　　水图卷十二幅，除了第一幅因残缺半幅而无图名，其余图名分别是"洞庭风细""层波叠浪""寒塘清浅""长江万顷""黄河逆流""秋水回波""云生沧海""湖光潋滟""云舒浪卷""晓日烘山""细浪漂漂"。这十二幅作品，是马远对水势的不同变化进行的高度提炼和概括。画面构图简练，都以线条勾勒为主，加以晕染表现气韵，水的不同姿态跃然纸上。本幅黄河逆流图，以凝涩的笔触，倾斜向上画出层层相推的三叠浪头，一浪一浪，盘旋咆哮，似是腾空而起，气势浩大，充分表现出黄河水浊浪排空的壮观景象。

　　马远，祖籍河中（治今山西永济西），曾为南宋光宗、宁宗、理宗三朝画院待诏。宋室南渡时，其祖父马兴祖随迁钱塘，马远即出生于钱塘。马家为绘画世家，相继五代供职于宋室画院。这幅黄河逆流图，与其祖父马兴祖所绘浪图，在勾染技法的纯熟使用、气韵水势的烘托营造等方面，都有着明显的家学传承痕迹。

1.3 黄流巨津图

  此图为明陈洪绶杂画册页之一，绢本，设色，纵30.2厘米，横25.1厘米。藏故宫博物院。

  此杂画册共八开，每开均有作者题跋及款印，所画有山水、人物、花鸟。本图题绘"黄流巨津"，在画面的绝大部分位置，以超大的夸张比例，用工笔的方法勾线后分染填色，表现黄河河面上激流涌动、浊浪滔天的场景。在左下角不显眼的位置、以不突出的占比，绘出几艘降帆的桅船和苇丛掩映几不可见的棚屋，更衬托出黄流汹涌之势。在宏壮骇人的黄流浊浪中间，三人三船鼓荡而前，虽显出奇渺小，但给整个令人心生畏惧的画面戏剧化地植入了生机和力量。

黄流巨津

光堤洪綏

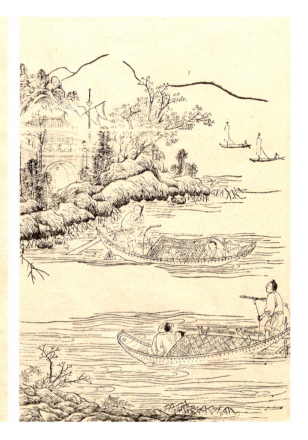

1.4 渡黄河诗图

此图录自明万历至天启时期刊《唐诗画谱》，描绘唐代博州（今山东聊城）人崔惠章六言诗《渡黄河》诗意：孟津城北河开，商贾移舟徘徊。实有龙蛇地揭，虚疑牛斗天来。图中绘出黄河岸边远近山形龙接蛇起，显示其地势险要。孟津城外黄河古渡，商民船只往来穿梭，显示孟津自古繁华。

《唐诗画谱》为明代黄凤池选辑，精选唐人名诗五言、六言、七言各50首左右，名公董其昌、陈继儒等书写，名笔蔡冲寰、唐世贞绘画，名工刘次泉等刻板，堪称诗、书、画、刻"四绝"，时人誉为"诗诗锦绣，字字珠玑，画画神奇"。

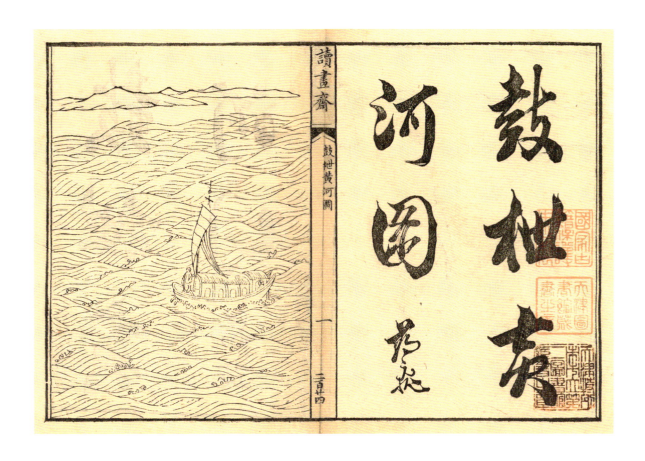

1.5 鼓枻黄河图

　　此图选自清代顾修《读画斋题画诗》，为顾修请人绘制的个人经历小照之一，记绘其乘船鼓帆渡黄河的情形。原画为专业画家所绘，黄河波涛、河上帆船、远山形貌及画中人物描绘历历可见。

　　《读画斋题画诗》是中国古代第一部自传体木刻版画集。画中主人翁为顾修，画家为奚冈、方薰，共收录顾修自少壮至五十岁间生活场景小照20幅，并延请名家题咏诗篇而后刊行，无自作诗文。

1.6 黄河晓渡图

清叶欣绘扇页，金笺，设色，纵18.5厘米，横54.3厘米。藏故宫博物院。自题：
"黄河晓渡。秋日为敬可道兄正。叶欣。"图绘黄河渡口及两岸情形。对岸远山，青黛如
抹；近旁萧寺，疏花掩映；河面则扁舟往来，奋橹其上；渡头则人影绰绰，奔劳其间。
笔墨简淡之间，描绘出黄河风平浪静时的悠然景致。

I.7 九龙图 (局部)

　　南宋陈容绘，纸本淡设色，图纵46.2厘米、横958.4厘米，整卷纵46.8厘米、横1496.5厘米。画师在卷前、卷后自署题、诗、跋，卷中有乾隆题诗两处，拖尾有元董思学、张嗣成、吴全节、欧阳玄、张翥、王伯易等跋。整卷藏美国波士顿美术博物馆。

　　图卷描绘了九条形态各异的龙，或攀伏山岩之上，怒目圆睁；或游行于云空之中，雷电云雾掩映；或龙戏水珠，波涛汹涌；或雌雄相待，欲追欲逐；或架势搏斗等，将龙的种种神态样势，刻画得非常生动。其中第六龙之后，于云遮雾绕之下，画出三股湍流从碛石之间激喷而出，下游则成巨浪排空之势，直与云天相接。浪激云涌之间，第七龙

电光乍现，虚实掩映，气势威猛。从三山三峡的布局和激浪拍天的水势，可以明显看出这一段正是宋元以后黄河龙门一带河流特征的典型画法。画家在自题诗中写道，"龙门三峡浪如山，从臾涨天声大价"，"飞龙出峡驾春江，九河之势不敢降"，可知所画第七龙正是飞腾于黄河之上。

陈容是南宋后期"善画龙"的代表，是后人龙画的典范。其才气过人，诗文豪放；长章巨篇，杰壮奇诡。文献记载，其中年时中进士，曾任福建莆田太守，身世经历坎坷。九龙图是陈容作品中的代表作，开元代以后诗、书、画三位一体的先河，被誉为"凡写中国美术史，不管是哪种观点哪种流派，都是必选之作"。

1.8龙门图

  本图录自清毕沅编纂的《关中胜迹图志》，描绘黄河流经龙门口一带的山形地势情形。志载，龙门在韩城东北，广八十步，袤九里三分。两岸断壁状若斧凿，高者千仞，卑者数十百仞。其南俗呼"禹王坟"，在大河中浮于水面，望之如河渚，极冲激不能浸没，传为禹凿巨石坠中流，沉凝固结为丘阜。龙门山北有河口略似龙门而不能通，传为鲧治水所凿，名为错开河。另有东西禹庙、骆驼项等处名胜、山川地形，均一一绘注。

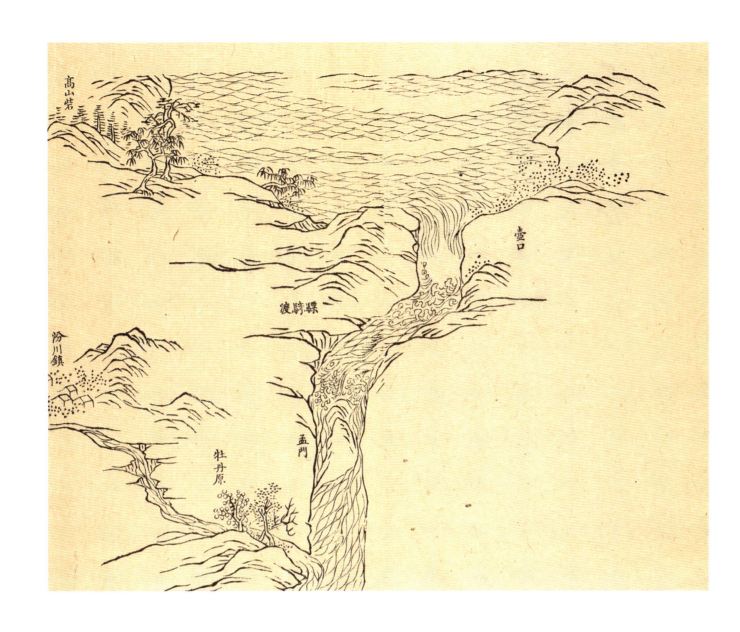

高山岩

壺口

渡騎騍

汾川鎮

孟門

牡丹原

I.9壶口图

　　本图录自清毕沅编纂的《关中胜迹图志》，描绘黄河壶口一带的山川地势情形。图绘黄河在壶口处陡然收窄，河水自口门悬泄而下，激浪如箭，直冲至下游孟门才略减其势。

1.10 潼关图

　　本图录自清毕沅编纂的《关中胜迹图志》，描绘潼关一带山形地势面临黄河的情形。按《水经注》："河在关内南流，潼激关山，因谓之潼关。"图中绘出潼关背依华山峻嶒入云，远望中条山迤逦相接，俯视黄河洪流盘纡竣极，层浪叠波，激荡汹涌，可谓河岳天险。

1.11 指画龙门图

此图为清高其佩指头画山水册之一，纸本，水墨，淡设色。藏荷兰阿姆斯特丹博物馆。自题："龙门之迥荫，石钟之鐺铭，兼而有之。且园。"该图描绘黄河龙门一带山形水势，夹岸崇深，倾崖远荫，水流交冲、崩浪万寻，水流噌吰、响如石钟，龙门山水形声动静尽入画中。

1.12 华山图

　　此图为明王履华山图册第28开图，描绘在华山东峰顶遥看黄河、潼关的情形。图左苍岩崚嶒，疏松荫蔽，画者独立寒秋，临边颙望，但见清旷辽远，野烟氤氲，黄河斜带，孤城险峙。图左下题《东峰顶见黄河潼关》诗："双松阴底故临边，要见东维万里天。山下有人停步武，望中疑我是神仙。地通荒楚延秋色，河借斜阳透野烟。敢问郁华离垢后，有谁张口下层巅。"

　　华山图册为王履作于洪武十六年（1383）亲登华山各峰后半年，纸本，墨笔或设色，每开纵34.5厘米、横50.5厘米。图页40开幅，另有自作记、跋、诗叙、图叙共66幅，合成一册。王履另有华山记游之《始入华山至西峰记》《上南峰记》《过东峰记》《宿玉女峰记》诸篇，写览华山并作画之心迹。王履谈及其学画三十余年，不过纸绢者："安知纸绢之外，其神化有如此者。始悟笔墨之不足以尽其形，丹碧之不足以尽其色。"

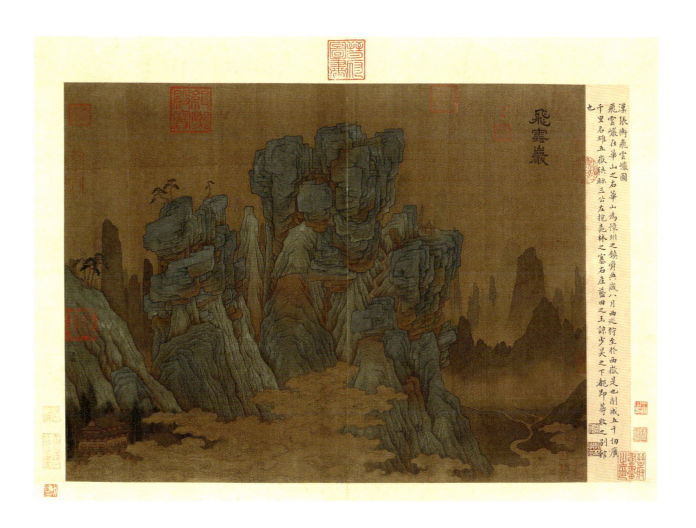

1.13 飞云岩图

　　此图为天下名山图册第1幅，托名汉张衡绘，绢本，青绿山水，纵73.4厘米，横98.6厘米。题署"飞云岩""张衡""汉张衡飞云岩图"："飞云岩在华山之右。华山为豫州之镇。《舜典》'岁八月西巡狩至于西岳'是也。削成五千仞，广千里，名雄五岳，秩视三公。左抱桃林之塞，右产蓝田之玉。谅少昊之下都，即蓐收之别馆也。"图中描绘华山山势崚嶒，山下黄河蜿蜒，远方中条山迤逦。所绘华山内容及形式亦多见于晚明至清代名胜卧游类图书插画所描绘的华山形貌。

　　天下名山图册共分为元、亨、利、贞四册，托名宋徽宗辑，收集署名自汉至宋的名山绘画及书法作品共80件，其中以元明时期托名伪作为多。

I.14 嵩山北面图

　　此图为中岳图册的第12开幅，绘嵩山北面诸峰、胜景、古迹，遥见伊洛河自西南向东北流，远注黄河的情形。

　　中岳图册页一册，绢册，12开，册纵26.9厘米、横26.8厘米。清内廷古董房原藏，约明清之际绘，不署名款。画12幅，绢本设色，披麻皴山水，分别绘嵩山各处山峰、胜景、古迹，贴黄绫签墨书标明图绘方位及景点。幅一钤印"宣统御览之宝"，幅二题绘"太室正西面，积翠峰，永泰寺"，幅三题绘"太室正南面，黄盖峰，中岳庙"，幅四题绘"少室东南面，五乳峰，少林寺，少阳河，达摩面壁处"，幅五题绘"太室正东面，九龙潭，龙泉寺"，幅六题绘"太室、少室西南面，会善寺"，幅七题绘"太室正南面，嵩顶华盖峰，嵩阳书院，汉封古柏，三公石，法王寺，嵩岳寺"，幅八题绘"少室正西面，莲花峰，少阳河"，幅九题绘"太室东南面，玉箸、卧龙两峰，嵩门待月，法王寺"，幅十题绘"太室、少室西北面，轩辕关"，幅十一题绘"嵩山南面"，幅十二题绘"嵩山北面"。

1.15《古今图书集成》山川典图

　　《古今图书集成》是清代康熙时期编纂的一部大型类书，全面收录从上古至明末清初的古代文献资料，是我国现存最完整、用处最广、结构最为科学合理的一部百科全书。全书分类结构为汇编、典、部三级，典和部之间还有总部，总部统领各分部。在每部之中又按汇考、总论、图表、列传、艺文、选句、纪事、杂录、外编收录排列相关文献。其中方舆汇编之下的山川典320卷，按山川名称各自单独列部或总部，汇集了历代经、史、子、集、方志、笔记等书中有关山岳、河流的资料，分门别类，重新编排。其中山岳分279部，附有213幅山水版画插图，描绘汇考文字所述地理景观、历史事件、名人遗迹等内容，其绘刻参考来源基本为地方志的山川图、旅游导览书的名胜图、明代类书的地理图以及叙事画，如《三才图会》地理卷、《图书编》、《海内奇观》插图、《名山胜概记》名山图卷、《南巡盛典》等，大都能够反映黄河近旁各名山及河中之山的实际地貌特征，明确绘出黄河样貌。

1.15-1 大伾山图

  大伾山，又名黎阳山、青坛山，在直隶大名府浚县（今属河南）东南二里，高四十丈，周围五里。"山再成曰伾，山连亘若屏障，故名大伾"。《禹贡》载，黄河"东过洛汭，至于大伾"，黄河经大伾山下东来，转而向东北流去。河绕山，山临河，大伾山因此成为上古黄河趋北转折的重要地标，是黄河流域记载最早的历史地理名山之一。北宋政和（1111—1118）以后，大河南徙，大伾山下再无黄河经过。

1.15-2濮州历山图

　　此图所绘历山在濮州（今山东鄄城）城东南七十里，相传为舜耕之处。山下有姚城，为舜出生的地方"姚墟"。《水经注》"瓠子河"载："雷泽西南十许里有小山，孤立峻上，亭亭杰峙，谓之历山。"山北"墟阜联属，滨带瓠、河"，瓠子河、黄河即在历山之北附近。扬雄《河东赋》有句"登历观而遥望兮，聊浮游于河之岩"，就是写在历山上遥望黄河。

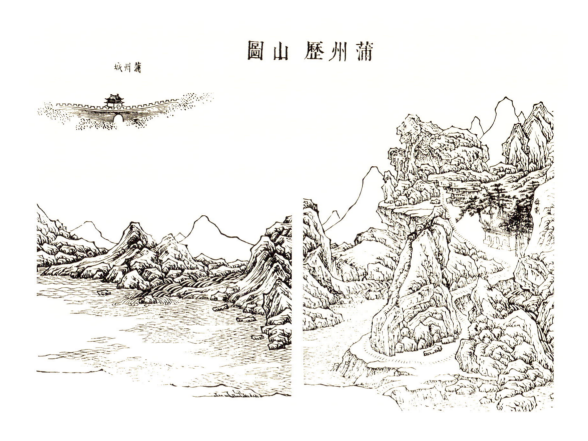

圖 山 歷 州 蒲

城州蒲

1.15-3 蒲州历山图

　　此图所绘历山在山西蒲州（治今山西永济）城东南三十里，又称雷首山、首阳山等。《水经》载黄河"又南过蒲坂县西"。《水经注》云："郡南有历山，谓之历观，舜所耕处也。"《山西通志》载，历山下"有二泉名妫、汭"，"合流入黄河"。

羽 山 圖

1.15-4 羽山图

此图所绘羽山，在山东郯城县（今山东郯城县）东北七十里，相传大禹的父亲崇伯
鲧治河无功，被舜殛杀于羽山，因此又称殛父山。山下有鲧墓。

1.15-5 中条山图

此图所绘中条山,在山西平阳府(在今山西运城、临汾)境内,《左传》称王官,《山海经》称甘枣山,《史记》称薄山、襄山,延衰于各州县其名亦不一。《左传》载,秦伯伐晋,渡黄河而焚舟楫,夺取王官。《山海经》载,薄山之首为甘枣山,共水出于此,西流注于黄河。《史记索隐》载:"薄山者,襄山也。"引应劭云"在潼关北十余里"。引《穆天子传》云"自河首襄山"。《史记正义》引《括地志》注云:"华、岳本一山,当河水过而行,河神巨灵手荡脚蹋,开而为两。今脚迹在东首阳下,手掌在华山,今呼为仙掌。河流于二山之间也。"这些记载表明,中条山西临黄河,与华山隔黄河相望。

1.15-6 壶口山图

此图所绘壶口山，在山西平阳府吉州（今山西临汾吉县）之西七十里，大宁县马斗
关之南二十里。其山西崖之脚，尽受黄河之水，倾泻奔放，自上而下，势如投壶，故名
"壶口"。上古唐尧之时，大禹治水就是从壶口开始。至今每逢黄河秋涨，波涛汹涌，
震动远近，堪为宇内奇观，被称为"壶口秋风"。

圖 山 陽 首 州 蒲

1.15-7 蒲州首阳山图

　　此图所绘首阳山，在山西蒲州（治今山西永济），即《禹贡》所称雷首山，《诗经·唐风》所吟"采苓""采苦"之所在。又名方山、尧山、独头山，山南有伯夷、叔齐墓及祠。《禹贡》载，大禹越过黄河，在壶口、雷首导黄河之水。《史记》载，伯夷、叔齐"义不食周粟，隐于首阳山"，注引马融曰："首阳山在河东蒲坂，华山之北，河曲之中。"可知首阳山在黄河自北向南折而东流的拐弯内，西面、南面都遥望黄河。

圖 山 陽 首 南 河

1.15-8 河南首阳山图

此图所绘首阳山，在河南府偃师县（今河南偃师）城西北二十五里，山上有伯夷、叔齐庙，相传为夷齐饿死之处。南朝宋戴祚《西征记》载：洛阳东北去首阳山二十里，上有伯夷、叔齐祠，或云饿死此山。南宋王楙《野客丛谈》载：首阳山有三，一蒲坂，二陇西，三洛阳。《论语注》以蒲坂为夷齐所饿之地。王楙考证洛阳首阳山才是伯夷、叔齐饿死之地，并引阮瑀《吊伯夷》"适彼洛师，瞻彼首阳，敬吊伯夷"句以证。洛阳、偃师接壤，戴祚所说"洛阳东北"也即偃师西北。

圖山陽首西陝

1.15-9 陕西首阳山图

　　此图所绘首阳山，在巩昌府（治今甘肃陇西）城西四十里，为渭水发源处，山麓有夷齐祠、夷齐墓，相传伯夷、叔齐采薇于此。此说最早源自《史记正义》引班昭注《幽通赋》云：夷齐饿于首阳山，在陇西首。《水经注》"渭水"条："渭水出首阳县首阳山渭首亭南谷，山在鸟鼠山西北。"渭水为黄河最大支流。

1.15-10 五老山图

　　此图所绘五老山，在山西临晋县（今属山西临猗）西南七十里。世传尧帝时，昂宿五星化身为五位老者，在此山下黄河之滨唱歌，告知尧帝黄河里将出现预兆未来之事的河图。

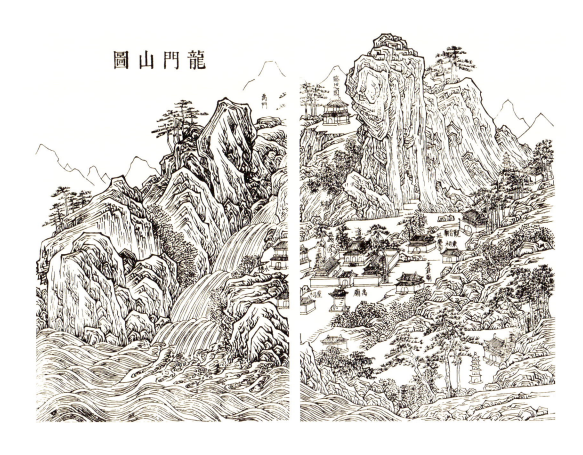

1.15-11 龙门山图

  此图所绘龙门山，在山西河津县（今山西河津市）城西北二十五里、陕西韩城县（今陕西韩城市）城东北八十里。其山两峰壁立，上合下开，黄河水径流其间，形如门阙，故名龙门。龙门又名禹门，传为大禹治理黄河时所凿开。龙门山东西两峰相距不过百步，而巨浪奔涛，旦夕冲激，岩鸣谷应，堪称天下奇观。

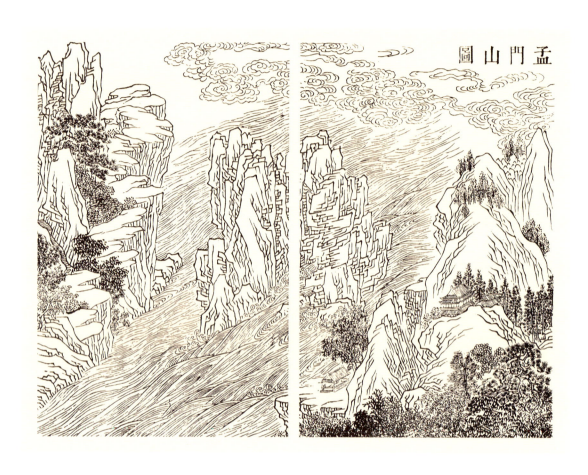

1.15-12 孟门山图

　　此图所绘孟门山，在山西吉州（今山西临汾吉县）西七十里，大宁县西马斗关之南三十里，西南与陕西宜川县接壤。孟门即龙门的上口。《水经注》载："《淮南子》曰：龙门未辟，吕梁未凿，河出孟门之上，大溢逆流，无有丘陵、高阜灭之，名曰洪水。大禹疏通，谓之孟门。"孟门其实就是黄河流经的巨大隘口，所以又叫孟门津。黄河在孟门至龙门之间，夹岸崇深，倾崖返捍，巨石临危，若坠复倚。其中水流交冲，素气云浮，往来遥观者，常若雾露沾人，窥深悸魄。其水尚崩浪万寻，悬流千丈，浑洪赑怒，鼓若山腾，浚波颓垒，迄于下口。《慎子》曰："下龙门，流浮竹，非驷马之追也。"

1.15-13 底柱山图

此图所绘底柱山，为《禹贡》所载山名，《史记》作"砥柱"，是同一山名，即今三门峡大坝下方的"砥柱"。史载，砥柱位于山西平陆县东南五十里，河南陕州（今属三门峡市）东四十里，特立大河中，其形如柱，故名"砥柱"。其西北有三门山，三流并涌，为大禹所凿以通黄河。《水经注》载，自砥柱以下一百二十里，河中竦石杰出，尚梗湍流，激石云洄，漰波怒溢，水流迅急，势同三峡，破害舟船，自古所患。

1.15-14 吕梁山图

此图所绘吕梁山，在山西永宁州（今山西吕梁离石、柳林一带）东北一百里，为大禹治水所经之处。《水经注》载："其山岩层岫衍，涧曲崖深，巨石崇竦，壁立千仞，河流激荡，涛涌波襄，雷济电泄，震天动地。"

廣武山圖

嶽山　五龍峰　東廣武城　滎澤縣

西廣武城

汜水縣

鼓山

駱駝嶺

古城　牛心峰　駱駝嶺　太公頂　庖犧頂

滎陽城

1.15-15 广武山图

　　此图所绘广武山，在河南荥阳黄河南岸。山势自黄河边陡起，由北而南，绵亘不断，峰峦尖秀，峭拔数十丈，朝霞暮烟，变态万状。广武山一带为楚汉相争古战场，留有众多古战场遗迹。图中绘出的鸿沟，据《水经注》载，自南向北，横截众流，引黄河水灌注各河，补各河水量不足，又可以串通各河，相互通航。

1.15-16伊阙山图

此图所绘伊阙山，在河南府（治今河南洛阳）城南二十五里，两山相对，伊水中流，下注于黄河，望之如门阙，故名"伊阙"。"伊阙"俗称龙门、龙门龛。

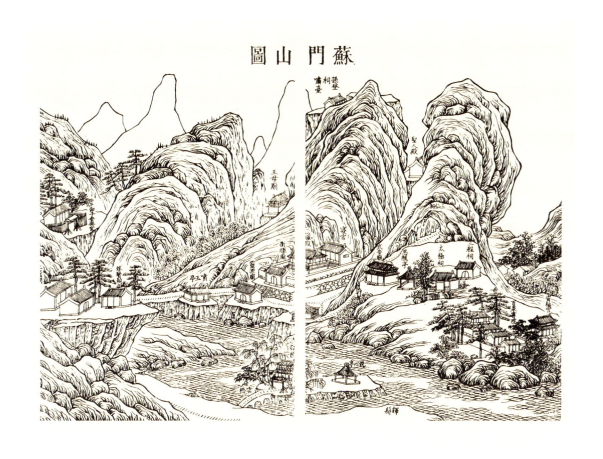

1.15-17 苏门山图

　　此图所绘苏门山，在辉县（今河南省辉县市）西北七里，一名百门山，为太行山的支山。山下有百泉，又名百门泉，又名卫源，卫河即发源于此。晋代以前，这一区域的卫、洹、淇诸水均为古黄河重要支流。

1.15-18 北邙山图

　　此图所绘北邙山，在河南府（治今河南洛阳）城北十里，西自新安接洛阳、偃师、巩县一带，绵亘四百余里，随地立名，如翠云山、牛吼峪、首阳山、磨盘山、马鞍山等，总称北邙山。北邙山背靠黄河、面向洛河，山的阳面古称风水佳地，历代陵墓极多。

1.15-19中岳嵩山图

　　此图绘中岳嵩山，在河南登封北。图中主要画出东部的太室山和西部的少室山。右侧中岳庙坐落于山谷盆地之中，北依黄盖峰，前屏万岁山。图左少林寺位于太室山、少室山之间，周围绘出立雪亭、二祖庵、达磨庵、甘露台等景点。嵩门、会善寺、崇福宫、豫章王墓等胜迹亦逐一绘出。伊洛河经嵩山之阴，东北流注黄河。嵩山各河之水均流入黄河。

崤
山

1.15-20崤山

　　此图所绘崤山，在河南府永宁县（治今河南洛宁）北六十里。崤山西南端与华山相连，东北端直至黄河岸边，分割弘农涧河与洛河谷地，两河均入黄河。山分东西二崤，中有谷道，坂坡峻陡，为古代关洛之间军事要地。

圖山華嶽西

1.15-21西岳华山图

　　此图绘西岳华山。图中山形如削如锯，悬崖深谷，峭壁腾越，南峰、东峰、西峰、北峰、玉女峰五峰环峙，高擎于上，望之如花。《禹贡》载："导河积石，至于龙门，南至于华阴。"大禹疏导黄河河道，向南到达华山之北。《括地志》云："华、岳本一山，当河水过而行，河神巨灵手荡脚蹋，开而为两。今脚迹在东首阳下，手掌在华山，今呼为仙掌。河流于二山之间也。"黄河河神巨灵为了河水通流，将中条山、华山辟为河东、河西两座山。

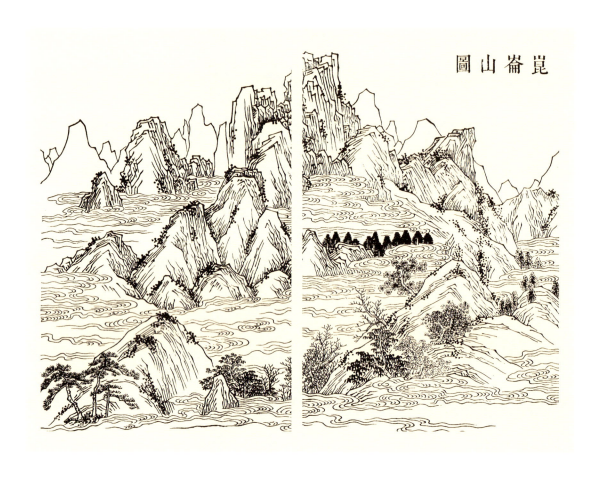

1.15-22昆仑山图

　　此图所绘为古代地理著作《山海经》《禹贡》《水经》所称黄河发源之处的昆仑山，
又称昆仑丘、昆仑墟、玉山等。《禹贡》蔡沈集传："昆仑即河源所出，在临羌。"《山海
经·西山经》："昆仑之丘……河水出焉，而南流东注于无达。"《山海经·海内西经》：
"昆仑之墟在西北……河水出东北隅，以行其北，西南又入渤海，又出海外，即西而北，
入禹所导积石山。"《水经》："昆仑墟在西北……河水出其东北陬，屈从其东南流入于
渤海。"

1.16 二十四名山图

　　二十四名山图册,清励宗万绘于乾隆十至十二年间(1745—1747),庄有恭书文,纸本设色,册纵63厘米、横42.5厘米。全册24开,所绘分别为黄山、武夷、天台、小孤山、庐山、三峡、洞庭湖、赤壁、京口三山、桐柏山、采石矶、太湖、底柱、钱塘江、富春山、雁荡、龙门、岷山、壶口、孟门、伊阙、石钟山、吕梁、之罘。其中底柱、龙门、壶口、孟门、伊阙、吕梁六幅绘题黄河相关内容。

　　该图册收入乾隆十三年(1748)汇编的巨幅册页集《墨妙珠林》,全套共12册,由12位宫廷画师按"二十四"之数演绎的主题绘制,分别为:余省绘二十四番花信风、蒋溥绘二十四孝事绩、励宗万绘二十四名山、张若霭绘二十四节气、允禧绘汉文帝二十四诏、董邦达绘龙虎山二十四岩、李世倬绘昆仑山二十四楼台、邹一桂绘牡丹二十四品、唐岱仿二十四家山水、沈源绘凌烟阁二十四功臣、丁观鹏绘唐二十四学士、潘是稷绘司空图二十四诗品。

底柱属陕州硖石县。其曰底柱者石在大河中流峙立为三河水包贯以行以其如柱而立故曰底柱以其石如水门故又曰三门两崖夹水壁立千仞盘纡激射天下罕比唐魏徵铭曰仰临砥柱北望龙门茫茫禹迹浩浩长春

1.16-1 底柱

此图绘题黄河砥柱、三门峡一带山水情势。画题：底柱属陕州硖石县。其曰底柱者，石在大河中流，峙立为三，河水包贯以行，以其如柱而立，故曰底柱；以其石如水门，故又曰三门。两崖夹水，壁立千仞，盘纡激射，天下罕比。唐魏徵铭曰：仰临砥柱，北望龙门，茫茫禹迹，浩浩长春。

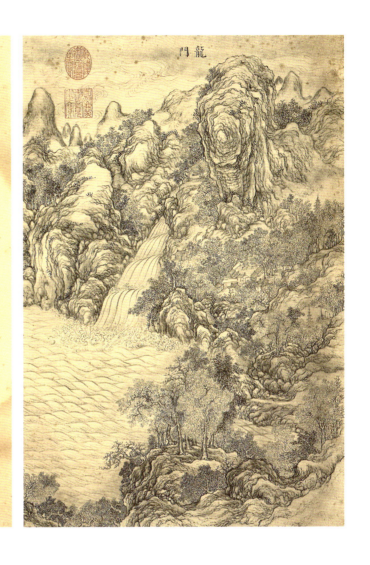

龍門在河津縣西北二十五里乃大
禹所鑿一名禹門河口廣八十步巖
際鐫迹遺功尚存今登龍門山嶽
徘徊橫出天漢大河自西北山峽中
來至是山斷河出兩壁俨立相望
巨浪奔濤旦夕衝激響震巖谷而
丹崖翠巘生雲走霧開闔晦明倏忽
萬變天下奇境也

1.16-2 龙门

　　此图绘题黄河龙门口山水情势。画题：龙门在河津县西北二十五里，即大禹所凿，一名禹门。河口广八十步，岩际镌迹遗功尚存。今登龙门，山岳徘徊，横出天汉。大河自西北山峡中来，至是山断河出。两壁俨立相望，巨浪奔涛，旦夕冲激，响震岩谷。而丹崖翠巘，生云走雾，开阖晦明，倏忽万变，天下奇境也。

壺口山在平陽府吉州之西七
十里其山西崖之脚尽受黄河
之水傾瀉奔放自上而下勢如
投壺故名壺口堯時大禹治水
始於此每逢秋漲波濤洶湧震
動遠近與日月相吞吐洵稱宇
内奇觀

1.16-3 壺口

　　此图绘题黄河壶口山水情势。画题：壶口山在平阳府吉州之西七十里。其山西崖
之脚尽受黄河之水，倾泻奔放，自上而下，势如投壶，故名壶口。尧时，大禹治水始于
此。每逢秋涨，波涛汹涌，震动远近，与日月相吞吐，洵称宇内奇观。

孟門山在平陽府吉州境淮南子曰龍門
未闢呂梁未鑿河出孟門之上大禹疏通
謂之孟門河中漱廣夾岸崇深傾崖返捍
巨石臨危若墜復倚古人有言水非石鑿
而能入石信哉其水崩浪萬尋懸流千丈
渾洪贔怒鼓若山騰浚波頰疊迄于
下口方知慎子下龍門浮流竹非駟馬之
追也

1.16-4 孟门

　　此图绘题黄河孟门山水情势。画题：孟门山在平阳府吉州境。《淮南子》曰，龙门未辟，吕梁未凿，河出孟门之上。大禹疏通，谓之孟门。河中漱广，夹岸崇深，倾崖返捍，巨石临危，若坠复倚。古人有言，水非石凿，而能入石，信哉。其水崩浪万寻，悬流千丈，浑洪赑怒，鼓若山腾，浚波颊叠，迄于下口。方知《慎子》下龙门，浮流竹，非驷马之追也。

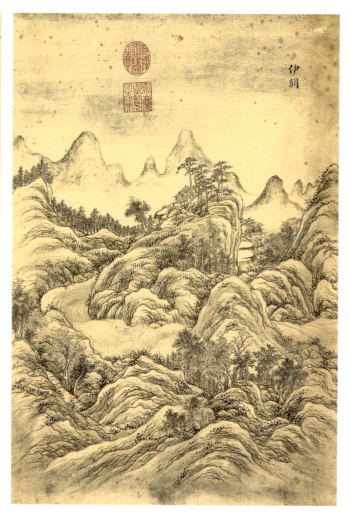

伊闕山在河南府城南二十五里大禹
疏以通水兩山對峙望之若闕伊水歷
其間北流故謂之伊闕即春秋之闕塞
陸機云洛有四闕斯其一焉東巖西嶺
並鐫石開軒高甍架峰西側靈巖下
泉流東注入於伊水壁間鑿石龕石
佛大小千數

1.16-5 伊阙

此图绘题黄河支流伊洛河过伊阙山一带的山水情势。画题：伊阙山在河南府城南
二十五里，大禹疏以通水。两山对峙，望之若阙，伊水历其间北流，故谓之伊阙。即
春秋之阙塞。陆机云，洛有四阙，斯其一焉。东岩西岭，并镌石开轩。高甍架峰，西
侧灵岩下，泉流东注，入于伊水。壁间凿石龛、石佛大小千数。

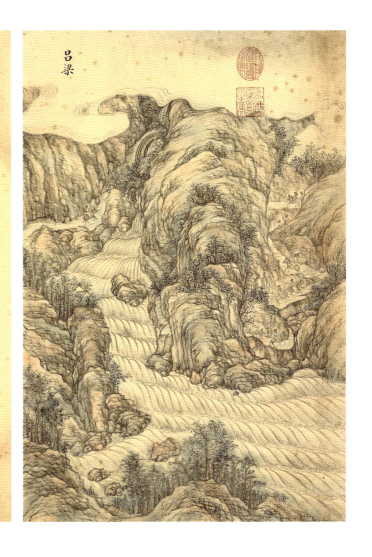

吕梁山一名骨脊山在汾州府
永寧州東北一百里與交城縣
接壤禹治水經於此水經注曰
巖層岫衍涧曲崖深巨石崇竦
壁立千仞河流激盪涛湧波襄
雷潃雲泄震天動地盖大禹所
闢以通河也

1.16-6 吕梁

此图绘题吕梁山通黄河一带山水情势。画题：吕梁山一名骨脊山，在汾州府永宁州东北一百里，与交城县接壤，禹治水经于此。《水经注》曰，岩层岫衍，涧曲崖深，巨石崇竦，壁立千仞，河流激荡，涛涌波襄，雷济云（电）泄，震天动地。盖大禹所辟，以通河也。

1.17 太白诗意山水轴

　　石涛绘于康熙三十八年（1699），纸本，水墨，设色，纵249厘米，横87厘米。画面上半部自录李白《将进酒》全诗，并题署："李白《将进酒》。此诗自可画。虽似任达放浪，然太白素抱用世之才而不遇合，亦自慰解之词耳。吾亦借此诗写此画，消吾之岁月云。用范宽学荆浩笔意。荆云，吴道子有笔无墨，项容有墨而无笔。今大涤作画，聚诸公一堂，观者自是鼓掌。己卯秋日。青莲阁下。"

海晏河清

東巡萬國動歡聲
舞蹈齊將玉輦迎
方喜祥風高岱岳
更看佳氣擁燕城
堯仁總向衢歌見
禹會遙從玉帛呈
一片簫韶真獻瑞
鳳臺重見鳳凰鳴
臣僧元濟九頓首

1.18 海晏河清图

　　清石涛绘于康熙二十八年（1689），纸本，设色，为石涛诗合璧图卷。全卷共8幅，书画相间。本图自题："海晏河清。东巡万国动欢声，歌舞齐将玉辇迎。方喜祥风高岱岳，更看佳气拥芜城。尧仁总向衢歌见，禹会遥从玉帛呈。一片箫韶真献瑞，凤台重见凤凰鸣。臣僧元济九顿首。"康熙二十八年（1689）皇帝南巡，曾于扬州召见石涛。本图及诗颂扬海晏河清、盛世太平，即与此事有关。

1.19九省河流图

清康熙年间绘制，未注绘者及绘制年代。经考证，该图绘于康熙二十年至二十七年间（1681—1688）。该图为绢本彩绘，采用平立面结合的形象画法，纵284厘米，横385厘米，钤"京师图书馆收藏之记"印，可知系宣统元年由内阁大库拣拨，今流转至台北故宫博物院藏。

全图方位上北下南、左西右东，描绘范围西起星宿海黄河源，东至云梯关黄淮入海口，北自河套、燕山长城，下迄杭州。图中生动描绘了黄河全程、京杭运河全程的河道大势，以及黄河流域、运河沿岸的山河景致、城镇分布，着重表现黄河干流自河南氾水、荥泽以下至入海口段两岸的埽铺、堤岸、闸坝、引河、泄水湖等水利工程，并注记有关的河工、埽工抢修等事。此图对大运河两岸的闸堰、月河，尤其是宿迁、淮安至扬州段，标绘得极其详尽，对山东运河段泉源补给各水道的标绘也较为细致。

关于此图绘制年代。从政区和地名来看，"杀虎堡""宁鲁堡"等名称已讳用"胡""虏"等字，表明绘图时已入清。清河县仍在黄河北岸，尚未迁治清江浦，表明其绘制年代在乾隆二十五年（1760）之前。"仪真"未避胤禛名讳，表明此图绘于雍正之前。泗州未迁治虹县，虹县仍在，表明绘图时间早于康熙四十二年（1703）。

从图中所绘水利工程来看，清黄交汇处束清御黄的东西坝未建，表明绘图年代早于康熙三十七年（1698）；云梯关外拦黄坝未筑，表明绘图年代早于康熙三十五年（1696）；靳辅所修中河未绘出，表明绘图年代早于康熙二十七年（1688）；皂河口拦黄坝已闭，"石硳之清水尽由新河行，至张家庄入黄河"，标记"张庄新运口"，表明此图绘于康熙二十年（1681）之后，且时间未久。因此，推断此图绘制年代在康熙二十年至二十七年（1681—1688）之间，应为靳辅治河所绘。

图中所有县级以上城镇均用不同级别的立体鸟瞰式图符表示，河流、湖泊用双廓线加水波纹，海面加绘波纹，均为康熙中期河渠水利图的绘制风格。遥、缕、格、月各堤以宽粗廓线填赭色显示，险、埽、闸、坝各工以立体形象符号绘出，黄河主干填涂赭色予以突出显示。

1.20 靳辅黄河图

　　清康熙年间绘制，为描绘康熙前中期黄河中下游河道的大型鸟瞰黄河图。未注绘者及绘制年代，经考证，其底本由清朝前期河道总督靳辅、画师周洽与李含渼等人于康熙二十六年（1687）编绘。此图绢本彩绘，长卷裱装，青绿山水画法，纵80厘米，横1260厘米，藏台北故宫博物院。另有一长卷尺寸略小，描绘范围、内容及画法与此图基本一致，藏中国第一历史档案馆。

　　黄河图以水平方向从右向左展开，方位大致上北下南、左西右东，卷首起自黄河入海口，卷尾止于潼关北溯壶口。此图采用中国传统的青绿山水画绘制技法，以鸟瞰视角，用工笔重彩，生动细致地描绘了壶口至入海口间黄河及其两岸的自然和人文地理景观。图中山峦施青绿色，重峦叠嶂，云雾氤氲，晦明变化，气象万千。其间则草木葱茏，城郭井然。河流绘以双线，内绘水波纹。黄河则赫然特施赭色，漕船扬帆其中，汛庄布列两岸。滩石、河湾、险工顶冲迎溜及入海、汇流等处，绘出波头浪花以示激湍，尤其逼真。除了黄河着施赭色，另有济水在河南境内注黄河段填施赭色。沁水汇黄处以下黄河两岸，以宽粗线条突出显示堤埽、闸坝工程，以阴影突出立体感，并以形象绘法标明大堤之上的各种建筑和设施。对黄、运交汇处以下河工建筑及设施的描绘尤为详尽。图中出现的府、州、县城池绘制得十分细腻，均依当时内外建筑形制简绘其立面城墙、城门楼阙真形。城中的重要建筑如衙署、寺庙、桥梁等均采用形象画法——绘出。河流、湖泊、城镇、汛庄、名胜、山岳、堤埽、闸坝等均用蝇头泥金小楷注记，文字注记多达1440余处，城池之间的距离偶尔也有标明。图中对黄河中下游河道及其与运河、其他河流的位置关系描绘得尤其详尽、清晰、准确，河流沿岸的山脉、城池、堤坝、闸桥绘制精美。此外，全图东端黄河入海处，在海上画出了太阳、彩云、波涛、岩礁等内容。

　　黄河图所绘内容，重点表现的是靳辅任河道总督时整治黄、运两河的情形。靳辅是清代著名的治河专家，康熙十六年至三十一年（1677—1692）间三任河道总督。他继承明代潘季驯"束水攻沙"的思想，提出了治河、导淮、济运合为一体的治河方略，以淮安清口为中心，对黄河、运河、洪泽湖进行综合修治，奠定了康熙朝河安漕通的基础。在治河过程中，靳辅曾屡次向康熙帝进呈黄河图，借以汇报河工进展，陈述治河意见。康熙二十二年（1683）八月，康熙帝因靳辅所呈河图不够准确，谕令其绘呈精审之图。靳辅命其幕僚、画家周洽"董其事"。周洽于康熙二十三年（1684）五月至九月，对黄、运两河进行了为期4个月的实地考察，其中对黄河的考察为淮安清江浦至山西龙门之间。周洽考察结束返回淮安府清江浦河署后，结合考察情况，参考各地搜集的志籍，与嘉兴画家李含渼一起，历数年之功，绘成黄河图、运河图各2幅。康熙二十六年（1687）九月，靳辅将周洽等人绘成的运河图、黄河图定本进呈御览，后入藏清内务府造办处舆图房。而靳辅幕僚张霭生记述，周洽等所绘稿本黄河图和运河图则保存于河道总督衙署。此黄河图即为靳辅、周洽等所编绘舆图的绘本之一。

1.21 王石谷全黄图

　　题署"甲申（康熙四十三年，公元1704年）冬月虞山王翚（字石谷）恭画"，为王翚奉敕绘呈全黄图副本。该图采用传统山水画法，纸本彩绘，色绫装裱长卷，纵44厘米，横605厘米，藏英国国家图书馆。

　　图卷以水平方向从右向左展开，方位大致以黄河南岸为上，以传统山水画笔法，形象生动而又细致地描绘了"黄河从蒲昌发源，曲折顺轨，达于尾闾，所历名山、郡国、闸坝、堤工，以及帆樯舟楫之驶行，屋宇桥梁之列布"。运河自京师至淮扬、淮河自桐柏发源至清口汇黄全段，以及运、淮两河沿线景致，也历历并绘于图中黄河上下两侧。运、淮之上，帆樯逶迤不绝，商贾往来穿梭，均一一入画。图中河湖水面一般以淡蓝设色，略施波纹。黄河河道有别于一般河湖，河面设以淡黄色，上绘排浪翻涌。沿岸较广区域内府、州、县所在及其他关隘、祀庙、名胜等，均以鸟瞰式立体画法描绘其形貌及轮廓。山岳用青绿山水笔法，或奇峰出岫，或逶迤起伏，或层峦叠嶂，或云蒸霞

蔚，或树木掩翳，或水石激荡，形态各异，气象万千。黄河下游为全图表现的重点。黄河北岸自武陟县沁河入黄以下，南岸自旧荥泽县城以下，沿岸缕、遥、格、月各种堤防，以及险、埽、闸、坝各种工程，均以鸟瞰式立体轮廓形象绘出，并旁注文字予以标记。该图对康熙四十三年（1704）之前靳辅、张鹏翮两任河督修筑的黄、运两河水利工程的描绘尤其详尽、细致、形象逼真，如靳辅在洪泽湖、中河河工及里下河地区的各项工程，以及张鹏翮整修新旧中河时在大王庙、半路刘及九里冈等所筑各项工程，几乎接近今天的卫星地图效果。

王翚绘制全黄图，参考了张鹏翮黄河全图、运河全图的内容，也参考了靳辅、周洽黄河图的画法。但与靳辅、张鹏翮将黄、运两河分别绘图的做法不同，王翚继续沿用了潘季驯河防一览图的传统，将黄、淮、运河平行展示于一轴之内。

王石谷全黄图不同于河道总督主持绘制的黄河水利图，为宫廷画家奉敕绘制，反映了清代河渠图绘制机制的多样性。由于该图画面精美，山峦画法尤为精湛，故后世传摹较多，具有一定的艺术价值和历史影响。

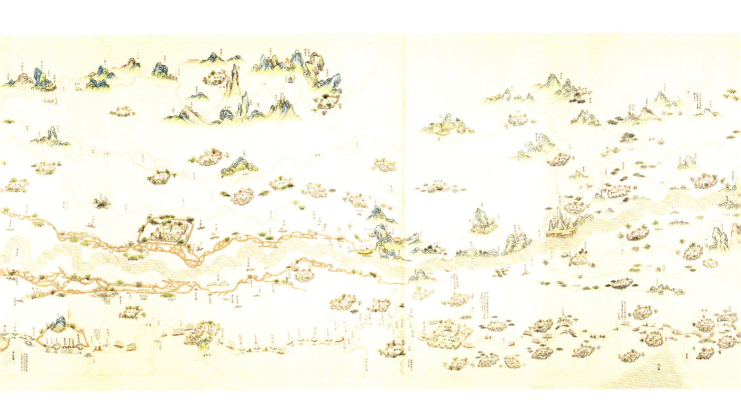

I.22 中国黄河地图

　　清乾隆后期河南、山东河防水利图，不注绘者及绘制时间。经考证，该图所表现内容为乾隆三十九年至四十九年（1774—1784）之间，河南山东河道总督辖内河防工程的岁修情况。全图纸本彩绘，由48张纸缀合而成，纵217厘米，横304厘米，藏法国国家图书馆。

　　全图方位大致为上北下南、左西右东，涵盖范围西至星宿海黄河源附近，东止黄、运交汇地区，南达桐柏、淮河南岸一线，北收德州及黄河河套、长城，将黄河、运河绘于一图之内，保持各自实际方位及走向基本不变，符合康乾时期黄、运两河大幅平面挂图的基本特征。该图的表现重点为河南山东河道总督辖内黄、运河道，河南至山东段黄河占到全图的五分之四，山东运河几乎贯通全图上下，其他区域被严重压缩，导致比例失真，方位错乱。这种局部刻意放大绘制的形式，便于突出主题、详记内容。黄河北岸自武陟黄、沁交汇处以下，南岸自荥泽县北以下，山东运河全段两岸以鸟瞰式立体形象画法详绘埽铺、堤岸、闸坝、引河、泄水、滚水、斗门等水利工程，详细注记抢修堤坝、防风加镶、加筑子堰、填筑夹塘、堤工加高加帮等岁修工程事项。作为运河的补充水源，山东汶上、莱芜诸县境的各泉流、川渎和集水状况，在图中标绘得极其详尽。

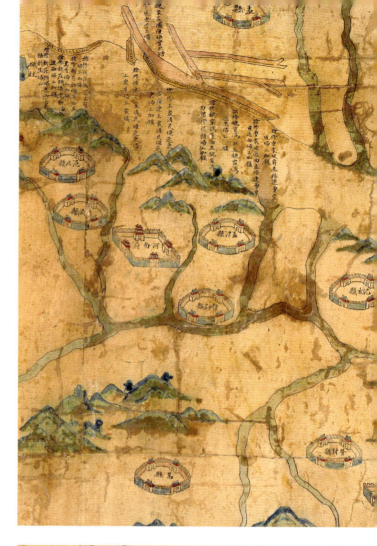

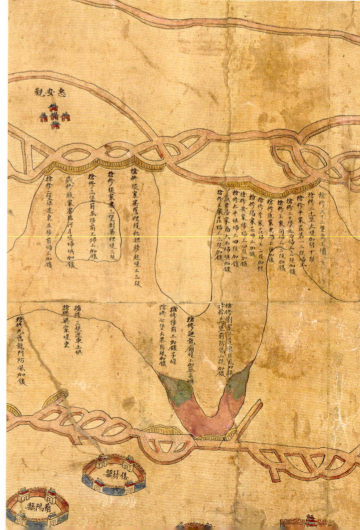

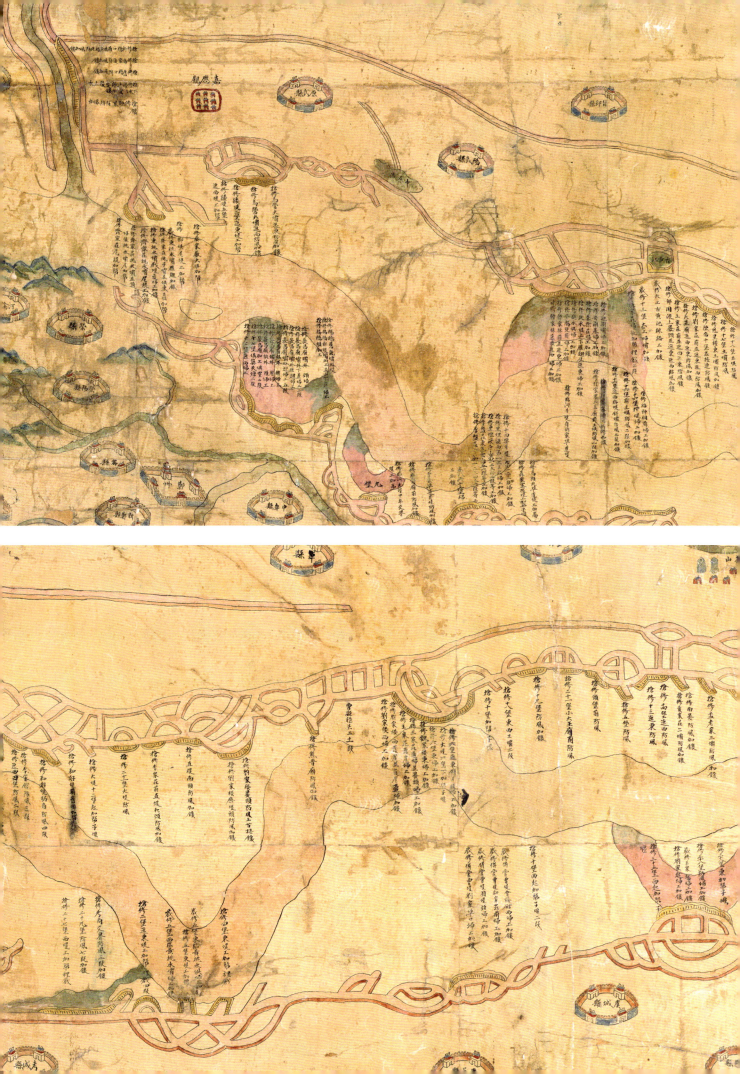

I.23 河源图

　　清乾隆四十七年（1782）阿弥达绘制，纸本，木刻墨印，10幅图分上下两排拼合而成，每幅纵58厘米、横70厘米，整幅纵116厘米、横350厘米。清乾隆末年（约1782—1795）刻印本，藏美国国会图书馆。

　　全图从右向左，以从上游而下的流向顺序，描绘黄河从源头"天池"一带到兰州、洮州附近上游河段的情况。图中以形象画法表现山脉、森林、湖泊等地貌，以大小不一的城墙符号标注流域地区西宁、庄浪、河州、洮州、兰州等府州县，以断续线标绘交通程途。图的上方以满文及汉文注记河源图说等内容。

　　乾隆四十七年（1782），阿弥达奉旨往探河源。他在星宿海看到"共有三溪流出"，"从西南流出者，水系黄色"，沿溪行约百里，"西面一山，山根有泉流出，其色

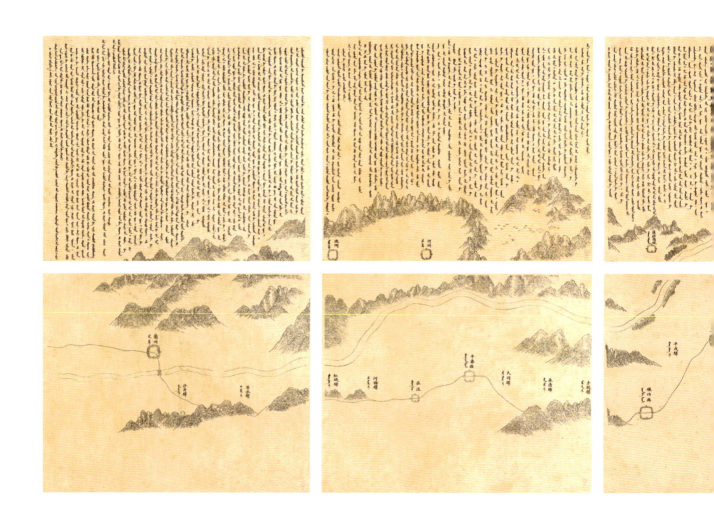

黄"，"其水名阿勒坦郭勒，此即河源也"。回来后，阿弥达"据按定南针绘图具说呈览"复命。此图即阿弥达往探河源所绘之图。图中多有考察不实之处：沿阿尔坦河上行一百里并不能到达河源，图中却绘出源头"天池"与"噶达素齐老"山，应为未至而虚构；错注扎陵湖为"阿拉克淖尔"、鄂陵湖为"策克淖尔"，其实"阿拉克淖尔"在扎陵湖之北，至今仍在，康熙时期的星宿海河源图中已标注；又奉迎乾隆帝所信，在图中重提汉代的伏流重源之说。

此图为乾隆皇帝授意绘制，此次黄河探源还另编有《河源纪略》一书，纪、图相合，流传广泛，影响深远。与康熙年间星宿海河源图所廓清的河源正确认识相比，此图有所倒退。但就其描绘星宿海以远黄河源流，并辅以丰富资料广为刊布流传而言，此图比康熙星宿海河源图深藏内府、不为人知更有意义，因此在中国地图史上仍然具有比较重要的地位。

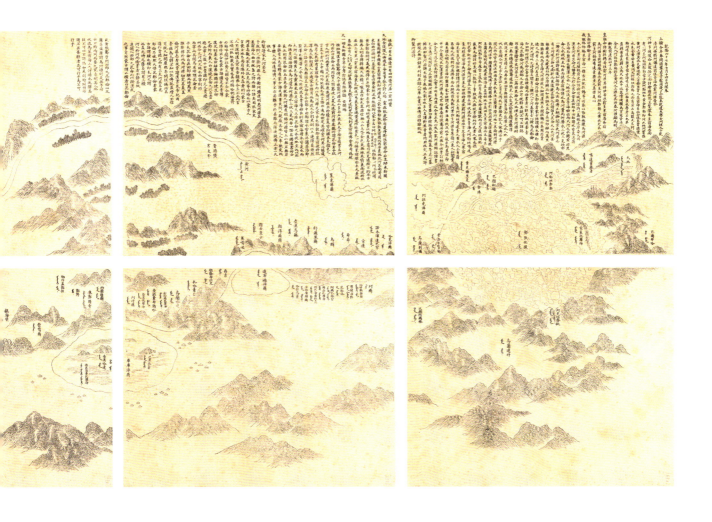

I.24 黄河工程河南省部全图

清同治年间（1862—1874）河南省黄河图，署捕河通判查笃绘。图为纸本，设色，采用平面及青绿山水结合的画法，长卷经折装，折高25.8厘米、横272.8厘米，藏中国国家图书馆。全图方位上南下北、左东右西，范围西起豫陕界洛、渭入河处，东至兰仪县（今河南兰考县）境内陈留、兰阳汛界，展示黄河沿岸山形、水系、城镇分布等，所

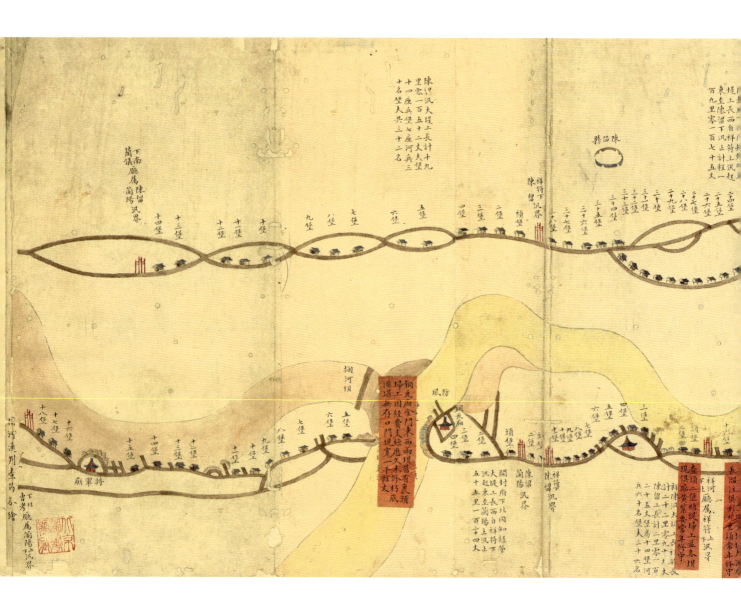

绘可见黄河已在铜瓦厢决口北流，东向已筑拦河坝，旧河道已干涸。图中重点描绘武陟
至铜瓦厢间官堤、民埝、堰埽、坝工等河防工程，空白处以文字注记各厅汛分防起止、
堤长、堡数、汛兵及堡夫人数，贴红签注记重点修守、应修未修情形，如郑州汛贴红签
注"五堡埽坝现俱临黄，常年修守"，铜瓦厢处贴红签注"铜瓦厢金门东西两坝旧有裹
头埽工，因经费支绌，历久未修，朽底汇塌无存。口门现宽一千余丈"。

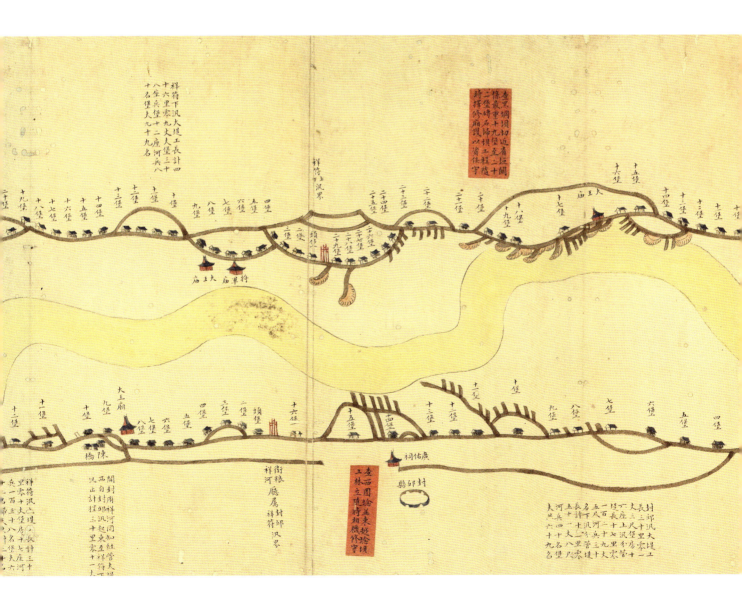

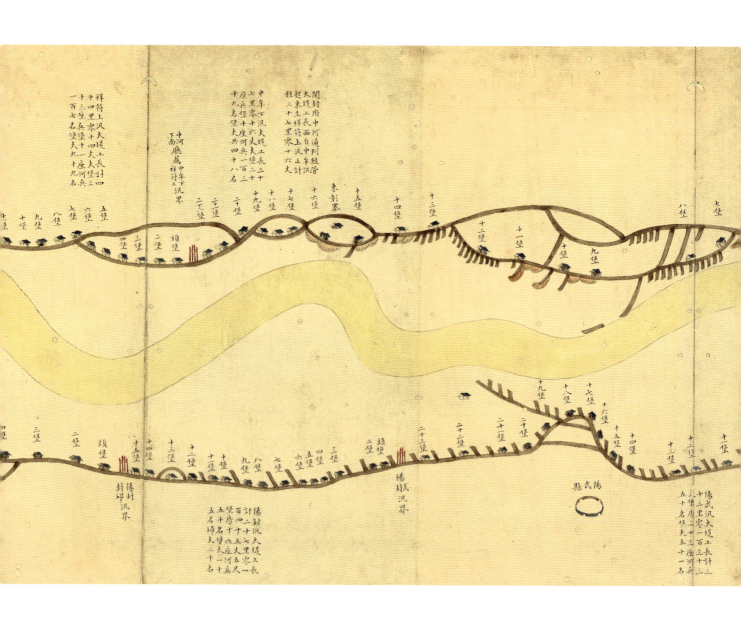

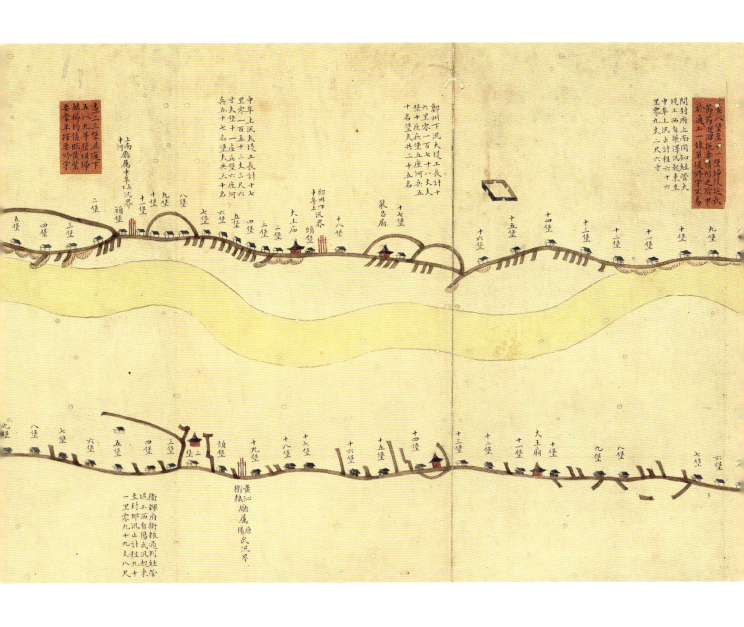

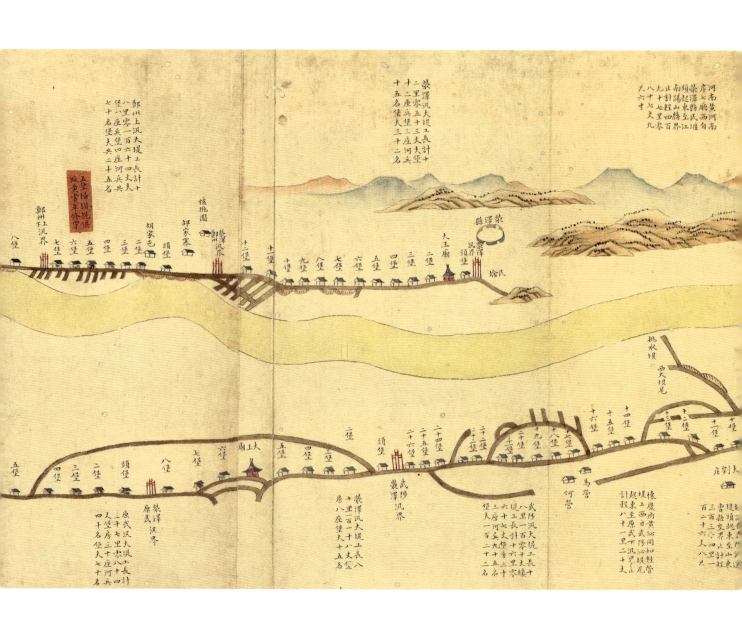

I.25 黄河工程山东省部全图

清同治年间（1862—1874）山东省黄河图，署捕河通判查筠绘。本图与前图黄河工程河南省部全图为一组图。全图为纸本，设色，采用平面及青绿山水结合的画法，长卷经折装，折高25.8厘米、横124厘米，藏中国国家图书馆。全图方位大致以东南

为上、西北为下，黄河西南起自河南兰仪铜瓦厢，在菏泽、郓城与濮州、范县之间向东北三支窜流，在戴庙、张秋之间五股冲运，后夺大清河，经平阴、济南、齐东、滨州、蒲台，由利津县铁门关下牡蛎口入海。图中所绘黄河堤防工程较同组的河南省部全图明显减少，且集中在黄河穿运之前窜流区域，表明图绘内容为1875年整治山东黄河之前。贴红签三处注记漕船过黄河具体办法。

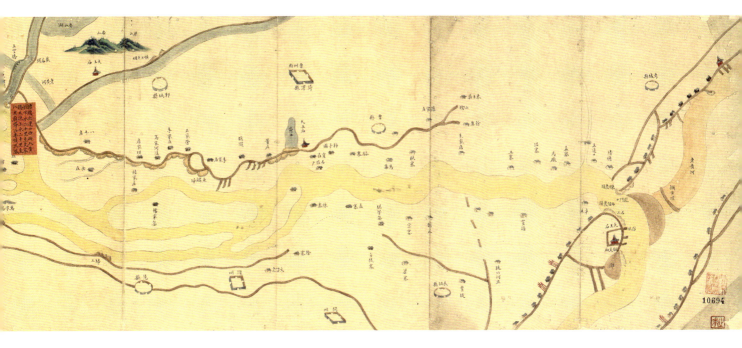

1.26山东省黄河图

　　清后期黄河河防图，不注绘者及绘制年代。经考证，该图约绘于光绪十三年至十五年（1887—1889）之间。该图纸本彩绘，长卷，纵49厘米，横185厘米，藏美国国会图书馆。

　　图卷以黄河顺流方向的右岸为上方，大致以南为上，从右向左展图，右起于寿张、阳谷界玉皇庙和路庄防营，左止于利津黄河蜉（牡）蛎嘴入海口，采用传统平立面结合

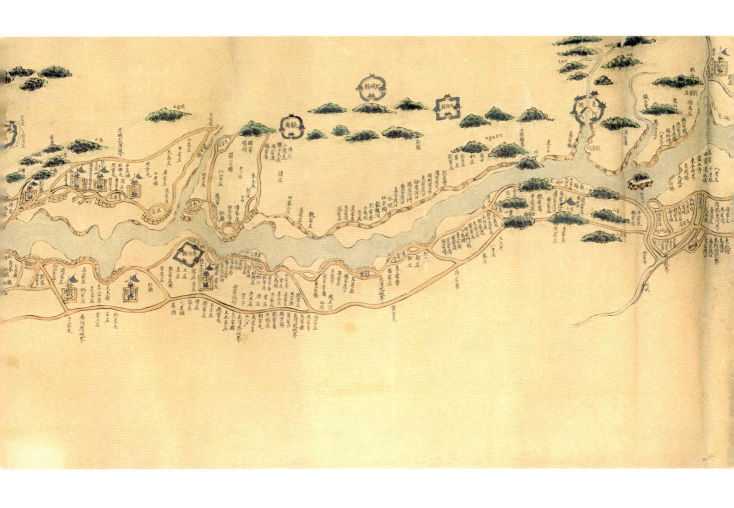

的形象画法，主要描绘山东省境内新黄河河道沿线的堤埝等河防工程形势。黄河与其他河流一律涂青蓝色，有别于传统舆图，另以双棕线表示堤埝，城池、村落、河防营地用不同立面符号区别。除了标明黄河沿岸的内河堤、外遥堤与埽坝，南岸起自路庄、辛庄防营，北岸起自玉皇庙、杨胡子庄、东纸坊，东止于利津县河口，两岸河防营地、村庄、险工逐一上图，险工视情况标记为"极险""次险"等。该图应系防汛分段派工所制之图。

肥城縣城

靖縣城

新鎮

縣城

峨眉山

古峴坡

龍王廟

小高庄　申家庄

大高庄　席家庄　張家庄

七里鋪

四里庄

北店

南店

韓家壩頭

樓子王庄

樓子王庄

小張庄

傅庄

楊家溝

馮家溝

羅家樓

紅廟庄

廬家庄

李庄

朱王庄

郭庄

下口

河套李家庄

潘家庄

紅廟

邢黃三庄

肖家庄

親家庄

聖家營

麗家道口

顏柳茱家

袁家河口

徐家道口

楊家河門

安家道口

孟家道口

水坡

杜家圍

劉家套

小馬頭

轂轆河

賈庄

邊家庄

吳家庄

吳家渡

跌家庄

陶家嘴

傅家峰

險工

邵庄

李子家營

潘家庄

長清肥城界

齊河縣城

顏家道口

王庄　呂庄

郭家庄　王庄

席家庄

郭家庄閘

姜庄

紅廟

黃岩陰

孔家灘

黃家道口

張護村

高家套

豆腐楊

萬家庄高

黃河陰

枯河

徐家碾坊

貫市

十八戶

趙家庄

王家寨

馮家庄

吳家庄

官庄

李家寺

大馬頭

傅庄

五龍潭

緱家葦溝

榆堤

顏家道口

董家庄

五哥廟

趙王河

趙家庄

顏家道口

長清肥城界

雷官屯

長清齊河界

郝家庄　周庄

菜園　顏家庄

七里鋪　王方庄

李家樓　趙官屯

王木匠庄

程官庄

董雲庄

陶庄

老王庄

馬家庄

平稿庄

胡官屯

劉家集

趙官鎮

黃家口

黃家寺

王家廳

燕家寺

周家庄

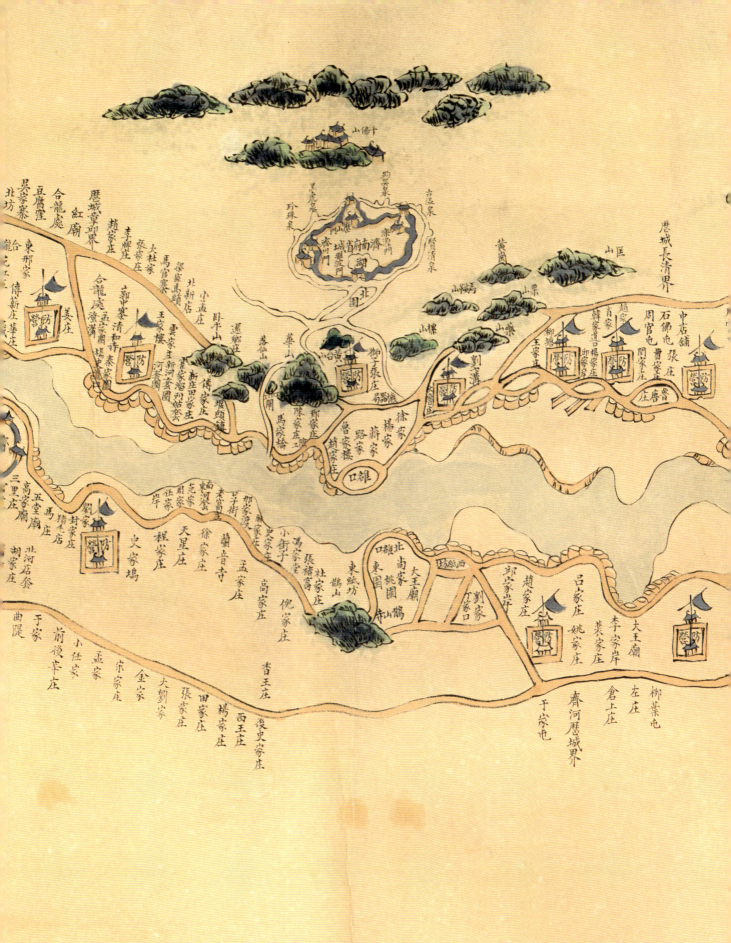

I.27 黄河新河道图

1868年内伊·埃利亚斯绘制，为其撰文《1868年黄河新河道旅行笔记》的附图。图为单幅，纵22厘米，横18厘米，发表于伦敦皇家地理学会杂志第40卷（1870年），藏美国普林斯顿大学费尔斯通图书馆。

全图方位上北下南，涵盖范围为东经114°30'至121°30'，北纬38°20'至31°00'之间。图中详细描绘了自开封以下，黄河新旧河道行经大势及流域地区支流、湖泊分布，黄河与大运河、淮河、卫河等水系交汇情况，以及城镇、山脉等地理要素相对分布情况等。图中黄河旧河道以双虚线绘出，新河道以双实线填涂蓝色绘出。在东明、范县一带详细标绘黄河南北两条河道分行、摆动及泛滥漫溢等情况。新河道沿线还以数字标明各处测量水深，测量标注位置有20处之多，显示黄河水深从2米至14米不等。

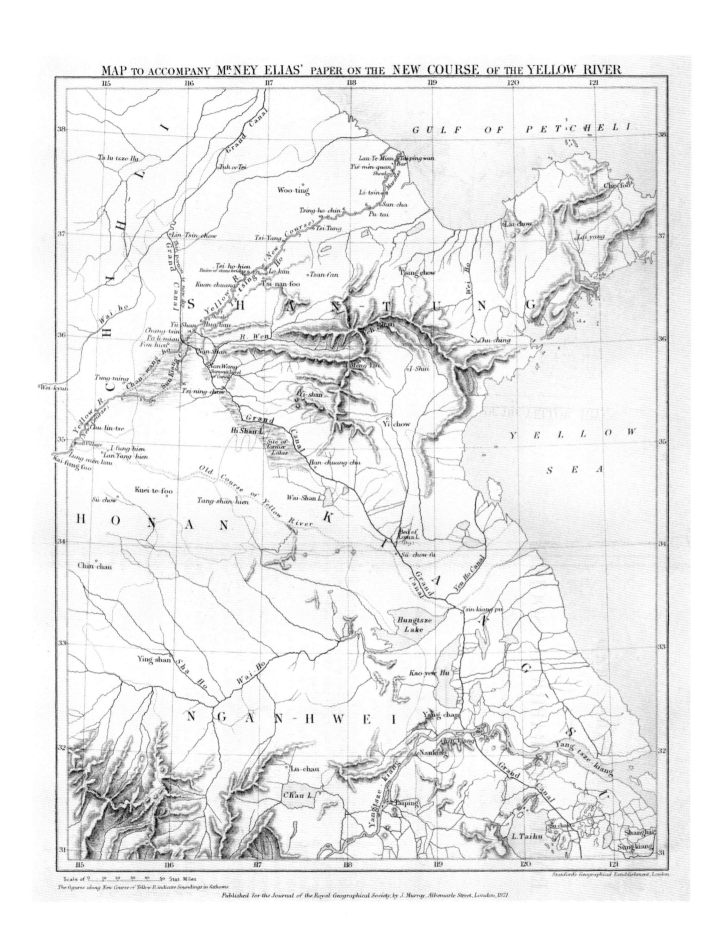

MAP TO ACCOMPANY Mr NEY ELIAS' PAPER ON THE NEW COURSE OF THE YELLOW RIVER

卷二

襟带家国

黄河却胜天河水
万里萦纤入汉家

　　本卷选录了20组100幅（卷）舆地河图及绘画作品，大致以绘制年代为序排列，主要反映了黄河沿岸依河而建的城镇与城镇近旁黄河的河情水势，以及黄河与社会活动的关系。描绘内容涉及关洛一带依托黄河及泾渭洛汴等主要支流发展形成的皇城宫殿，沿岸府、州、县等行政治所和镇、堡、营等军事驻所。形式主要为单幅、手卷、册页，材质为绢本、纸本，绘制技法有界画、水墨、青绿、金碧、浅绛，绘制年代为隋唐至清代。

2.1 游春图

隋展子虔绘，绢本，设色，金碧山水，纵43厘米，横80.5厘米，藏故宫博物院。

展子虔，渤海（一说在今河北沧州，一说在今山东阳信）人，生卒年代不详，历北齐、北周、隋。隋文帝时应召，任朝散大夫、帐内都督等职。据唐张彦远《历代名画记》，展子虔绘画"触物留情，备皆妙绝。尤善台阁、人马、山川，咫尺千里"。"状石则务于雕透，如冰澌斧刃；绘树则刷脉镂叶，多栖梧菀柳。功倍愈拙，不胜其色"。隋文帝倡佛，展子虔因此在长安、洛阳等地各处佛寺绘制大量壁画。至宋代，河中（今山西永济）古庙仍存其画作引人题咏。

此图绘郊野初春，河水由远而近，波光粼粼，仕女游船悠然其上；隔岸夹山，重峦起伏，曲径通远，屋宇掩映，其间士子，或挟弹游骑，或凝神伫望。山河、舟桥、屋宇、人物，浑然一派明媚春光。图中以青绿着山水，以泥金绘岸堤，可见春山渐染，陌上如茵，枯木明花，柳丝初长，显为北方初春景致。参考展子虔生平经历，当为两京之间、关洛一带黄河流域河岸郊野景象。

2.2 洛阳楼图

　　唐李昭道原绘，疑为元明时人据原画临摹或改绘。绢本，设色，青绿山水。幅纵37.5厘米、横39.7厘米。图绘唐时洛阳城边近水楼阁情景。近处楼阁交互，台榭参差，朱帘绣幕，掩映深秀。主殿高阁之前设月台，正偏两侧设踏步，下延至平台码头，码头旁停靠两艘帆船。由近及远，则有河水洋洋汤汤，绕楼萦纡，以至远山如黛，延绵而去。河上船篷往来，如闻桨声欸乃。

　　洛阳是唐代漕运中心。隋代起，大运河以洛阳为中心向东南、东北展开，南起余杭，北到涿郡。隋开皇年间凿广通渠300余里，引渭水经长安东流到潼关附近入黄河，从洛阳至长安，可由黄河溯流而上。至唐代，洛阳交通更加便利，舟车所汇，通过漕运能沟通江、汉，控引河、淇，南方越、苏、滁、楚、徐诸州物产经江南河、邗沟、黄河、通济渠运到洛阳，北方冀、邢、魏、德、濮、沧诸州物产通过黄河、永济渠运送洛阳，这一时期的洛阳城"皆天下之舟船所集，常万余艘，填满河路，商旅货易，车马填塞，如西京之崇仁坊"。从南到北，从洛阳到长安，"车船相属于路，昼夜不绝"。此图所绘，可见洛阳城下水运通黄河的景象。

2.3大明宫图（局部）

传为元王振鹏绘，纸本卷，水墨，白描，界画，纵31.1厘米，横683.3厘米，藏美国大都会艺术博物馆。图卷为描绘宫廷建筑的巨画，绘有边城、宫殿、楼台、古塔、亭院、河流、漕船、山石等。画面线条繁复，以精细笔致重现唐代大明宫的恢弘壮丽。

大明宫始建于唐太宗贞观八年（634），位于长安北侧龙首原，在唐长安城主要宫殿群"三大内"（大明宫、太极宫、兴庆宫）中规模为最大。自唐高宗起，大明宫即为大唐帝国的大朝正宫、唐朝的政治中心和国家象征，先后有17位唐朝皇帝在此处理朝政，历时达240余年。大明宫是唐帝国最宏伟壮丽的宫殿建筑群，也是当时世界上面积最大的宫殿建筑群。

隋唐时期长安漕粮供给概由大运河、黄河、广通渠分段转运，至开元间漕运分仓改制后达到极盛，一年的漕运粮可达二三百万石。漕船甚至一度不经过洛阳，"江船达扬州，汴船达河阴，河船达渭口，渭船达太仓"，改变了以往西京长安就食洛阳的传统。天宝二年（743），陕郡太守领水陆转运使韦坚调集江、淮、汴、洛漕船数百艘，沿黄河而上，经关中漕渠，悉聚禁苑宫墙外长乐陂新凿的通漕水潭，船上各自立牌标明郡名，陈列其土产宝货奇物，帆樯连属，数里不绝。唐玄宗登望春楼，见之大悦，因名之为广运潭。本图段所绘略陈广运潭盛会漕船通禁情形。

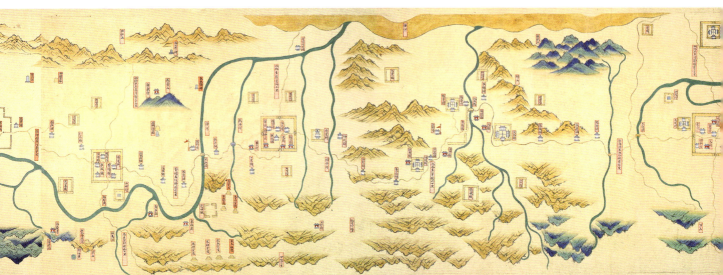

2.4 南京至甘肃驿铺图（局部）

　　明代驿传专题交通图，不注绘制者及绘制年代。经考证，约绘于景泰六年（1455）至天顺二年（1458）间。纸本卷，彩绘，青绿山水画法，纵55厘米，横2432厘米，藏台北故宫博物院。

　　全图方位以南京至甘肃驿传方向右侧为上，大致东北为上、西南为下。范围东南自南京江浦县扬子江起，西北至肃州以西沙州城止，途经滁州、凤阳府、宿州、保安镇城、永城县、归德州、团镇城、郑州、荥阳县、洛阳县、华阴县、渭南县、西安府、泾州、平凉县、西宁古城、兰县等86个府、州、县、镇城。图中标绘注记明前中

期南京至甘肃间驿传系统的驿路、驿站、急递铺、递运所等，以及驿路沿线城镇、坛庙、名胜、山脉、河流、桥梁、巡检司等。驿站、急递铺、递运所、城镇、坛庙等处所建筑多为统一图符，城址以立面表示，城围形状各异。道路以棕色单线表示。里程、联系方向注记于各城镇间的驿道上。山岳以驿路为轴，左右各自向外背向标绘，自顶而下敷以蓝、青绿、土黄三色。水流、湖泊一般以青绿双线标绘。黄河以黄色突出标绘，在河南府陈留县至华阴县潼关驿之间及兰州卫近旁，依照黄河水道走势断续绘出黄河形胜、设施等，如兰州卫城外镇远桥、陕州城北禹门及老君跺石、陈留县黄河渡及岔河等均一一绘注详明。

淮水通南北揚帆初過江故人將別酒沙上玉顰
雙

沈周

萬口甲東吳

揚子揚帆去扁舟到楚之舟州繁華猶未歇隨地足銷憂

文嘉

掛帆渡揚子一夕別淮陰去歲長

六文

淮北春草黃淮南春卓綠漂舟廟前過杜鵑叫山木

王穉登

步出山陽城獨上劉伶臺安得長淮水頓盼化為酷

殷都

高舡一入淮便河淮陰社買酒新城中來醉舊城
下

世貞

2.5淮安图

此图为两江名胜图册第10开，明沈周绘，绢本，设色，图纵42.2厘米、横23.8厘米。全册10开，每开右图左跋，描绘杭州、苏州、扬州、淮安一带山水名胜。

此图所绘为淮安府及山阳县联城，地处黄河、运河、淮河交汇处，黄、淮合流于城北，运河分流于西南。图中可见多支水道分合交叉，各处码头帆樯林立，四面堤岸蜿蜒曲折，三条街衢屋宇繁接、栉次鳞比，商民往来其中，一派繁荣兴旺的景象。图后有沈周及其名家好友跋诗6首，配图描写黄淮运重镇的繁盛之景。

淮水通南北，扬帆初过江。故人将别酒，沙上玉罂双。（沈周）

挂帆渡扬子，一夕到淮阴。千艘及万户，英山何处寻。（俞允文）

扬子扬帆去，扁舟到楚州。繁华犹未歇，随地足销忧。（文嘉）

淮北春草黄，淮南春草绿。漂母庙前过，杜鹃叫山木。（王穉登）

步出山阳城，独上刘伶台。安得长淮水，顾眄化为醅。（殷都）

商船一入淮，便问淮阴社。买酒新城中，来醉旧城下。（王世贞）

2.6沛台实景图

明唐寅绘，绢本，水墨，纵26.2厘米，横23.9厘米，藏故宫博物院。款识：正德丙寅，奉陪大冢宰太原老先生登歌风台，谨和感古佳韵，并图其实景，呈茂化学士请教。唐寅。此地曾经玉辇巡，比邻争睹帝王身。世随邑改井犹在，碑勒风歌字失真。仗剑当时冀亡命，入关不意竟降秦。千年泗上荒台在，落日牛羊感路人。

此图绘于明正德元年（1506），唐寅陪同大学士王鏊游览沛台之后。沛台，又名歌风台，位于江苏沛县境内。传刘邦于此悉召故人父老子弟畅饮，酒酣击筑自歌：大风起兮云飞扬，威加海内兮归故乡，安得猛士兮守四方。后人于此筑台勒石以纪之。

明代中期之前，沛县为运河重镇，处于黄河通漕的北首。徐沛以北的黄河支流很多，通塞无常，乱流不断，以致此段运河时常淤塞，运道浅涩难行，过往旅人因此往往留登沛台游览感怀。唐寅此图所绘近台、远山、河漕，正是图其实景，记录了沛县境内黄河与漕运的最后景象。六十年后，嘉靖四十四年（1565）、隆庆三年（1569），河决沛县，河漕大段壅塞。漕运改行徐州留城至济宁南阳间另开的一百四十里"新河"，于是运河旅人也不再像从前一样便道游览歌风台。

2.7 宁夏镇战守图略

宁夏镇战守图略为明代中后期边镇图册，不注绘制者及绘制年代，据考证绘于嘉靖二十一年（1542）近后，纸本，彩绘，青绿山水画法。1册20开16幅图，开纵52厘米、横90厘米，藏台北故宫博物院。

全册16幅图依宁夏镇统辖区域自北向南折西，一图一说，描绘注明辖区各处军事防务，依次为宁夏镇城、平虏城、玉泉营、广武营、中卫、灵州城、横城堡、红山堡、清水营、毛卜刺堡、兴武营堡、永清堡、安定堡、高平堡、花马池城、铁柱泉堡。各图方位不一，描绘防内长城、关隘、城镇、军堡、墩楼以及河流、山脉等位置布局、形胜要害，图说描述边防形势、兵员部署、战守策略等。本节选录之宁夏镇城、平虏城、玉泉营、广武营各图采用上西下东、左南右北方位，中卫图大致为上北下南、左西右东方位，灵州城图方位以西南为上、东北为下，横城堡图方位为上南下北、左东右西。各图区别于一般河流青绿色双勾填涂绘法，突出以金黄色描绘黄河流经走势，并以工笔明暗线条加绘叠浪波纹，以文字注记大、小渡口。图说中分别说明沿河各处兵员布防及守御、攻击、堵截各个方向来敌的战守部署策略。

2.7-1宁夏镇城图

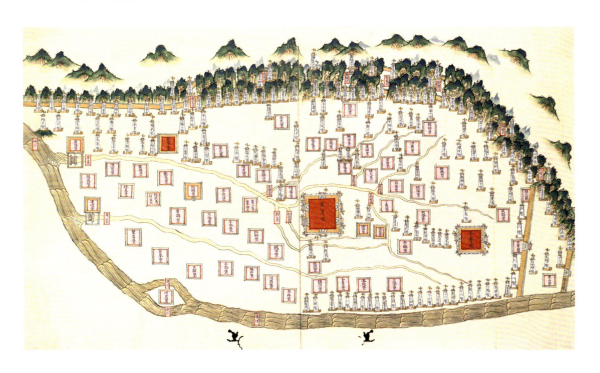

2.7-2平虏城图

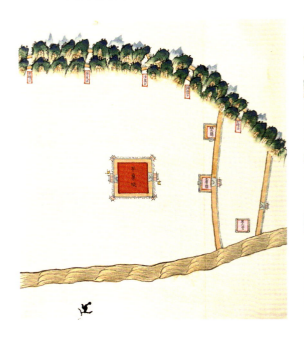

2.7-3玉泉营图

2.7-4 广武营图

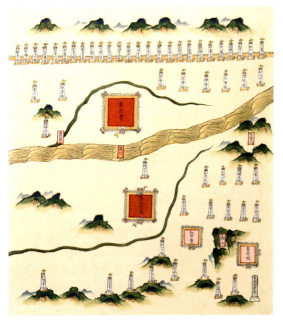

2.7-5 中卫图

2.7-6 灵州城图

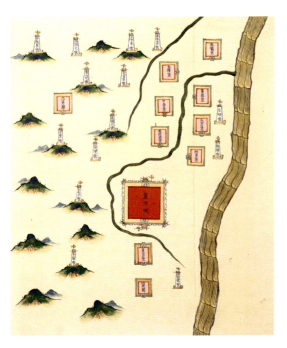

2.7-7 横城堡图

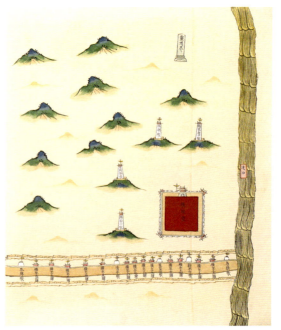

2.8 甘肃镇战守图略

甘肃镇战守图略为明代中后期边镇图册，不注绘制者及绘制年代，据考证绘于嘉靖二十三年至二十四年（1544—1545），纸本，彩绘，青绿山水画法。1册35开14幅图，开纵52厘米、横90厘米，藏台北故宫博物院。

全册图说内容除了第14幅以长图12开图说西域土地人物，其余13幅图依甘肃镇统辖区域自东向西，一图一说，描绘并注明辖区各处军事防务，依次为红城子堡、庄浪卫、西宁卫、镇羌驿、古浪千户所、凉州卫、镇番卫、永昌卫、山丹卫、甘州镇、高台千户所、镇夷守御千户所、肃州卫。各图方位上北下南，东起兰州城，西至嘉裕关，标注防内的军堡、村堡、驿铺、城邑、长城墙体、隘口、各处墩楼以及河流、山脉、寺庙、泉源等。山岳以青绿色、黄色自上而下由深及浅描绘，河流以灰绿色施绘。本节选录的红城子、西宁两图中，突出以金黄色描绘黄河流经走向，以工笔加绘叠浪波纹。图说文字中分别详细说明了黄河两岸各处兵员布防事务及守御、攻击、堵截各个方向来敌的战守部署策略。

2.8-1 红城子图

2.8-2 西宁图

2.9 陕西镇战守图略

　　陕西镇战守图略为明代中后期军事分布图册，不注绘制者及绘制年代，据考证绘于嘉靖二十四年（1545）近后。纸本，彩绘，青绿山水画法。2册共68开45幅图，开纵52厘米、横90厘米，藏台北故宫博物院。

　　全册一图一说并总说一篇、烟火号令一篇，详细描绘说明明代嘉靖二十四年（1545）近后，陕西镇三边总制辖内军事防务部署、警戒设置、驿路交通、通讯烟火号令等。45幅图方位设置不一，分别描绘固原总镇、庆阳卫、靖虏卫、兰州卫、河州卫、洮州卫、岷州卫等处及所领巡检司、守御千户所、群牧所、前千户所、营、堡、驿、关等45处防区内长城、关隘、城镇、墩楼以及河流、山脉等位置布局、形胜要害，图说描述防守形势、兵员部署、战守策略等。本节选录绘注黄河的15幅图，分别为下马关、打剌赤堡、靖虏卫、平滩堡、一条城堡、什字川堡、买子堡、兰州卫、西

2.9-1 下马关图

古城堡、积积滩堡、河州卫、归德州守御千户所、岷州卫、木瓜园堡、孤山堡图。各图中区别于一般河流青绿色双勾填涂绘法，突出以金黄色描绘黄河流经走势，并以工笔明暗线条加绘叠浪波纹。文字注记各处驻兵员额、居民人口、防守要点、设伏应援布置等。归德州一图中绘注黄河发源"星宿海子"，图左上角空白处抄录《续通鉴纲目》中关于河源的论述。图说中分别详细说明了沿河各处兵员布防及守御、攻击、堵截各个方向来敌的战守部署策略。

2.9-2 打剌赤堡图

2.9-3靖房卫图

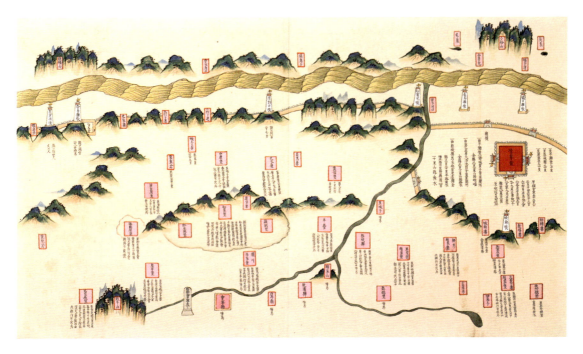

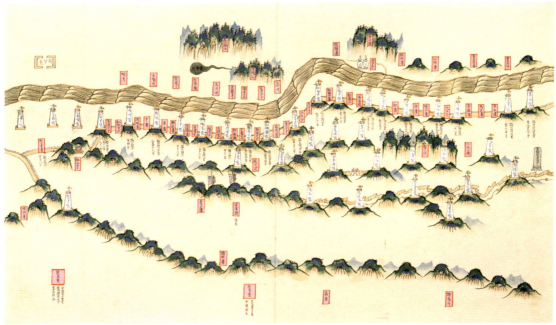

2.9-4 平滩堡图

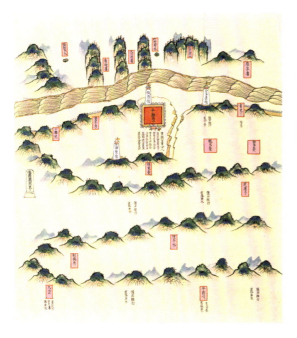

2.9-5 一条城堡图

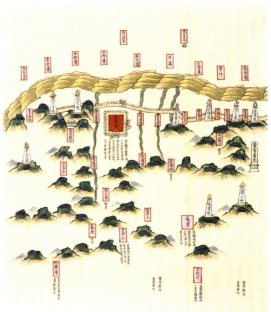

2.9-6 什字川堡图

2.9-7 买子堡图

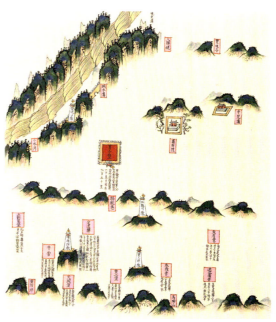

2.9-8 兰州卫图

2.9-9 西古城堡图

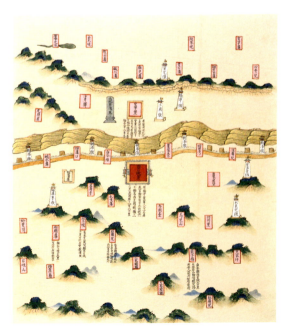

2.9-10 积积滩堡图

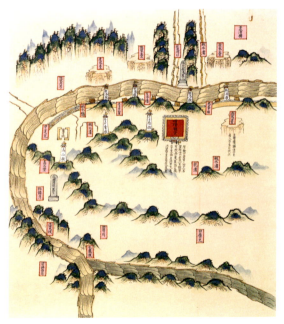

2.9-11 河州卫图

2.9-12 归德州守御千户所图

2.9-13 岷州卫图

2.9-14 木瓜园堡图

2.9-15 孤山堡图

2.10 山西岢岚兵备道辖河保路图

　　山西岢岚兵备道辖河保路图属于《宣大山西三镇图说》之一部分。明万历三十一年（1603）杨时宁、白希绣等编绘，绢本彩绘，青绿山水画法，对折册页装裱，每页纵41.5厘米、横38厘米，藏日本宫内厅书陵部。

　　该套地图含总图1幅、分图6幅，以鸟瞰式立体形象画法描绘岢岚兵备道所辖河曲、保德一带形胜要害及边防情况。凡州县、营堡、瞭台、敌营、河流、山岳等，图中均予以注记。辖区西北临黄河，岸边以立体形象画法绘出堤岸，并在水面绘以极富动态的水波纹。河对岸绘有敌方人马及营帐。

2.10-1 山西岢岚兵备道辖河保路总图

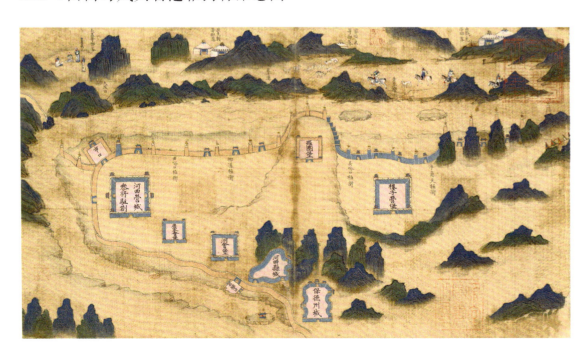

2.10-2 楼子营堡图

2.10-3 保德州城图

2.10-4 唐家会堡图

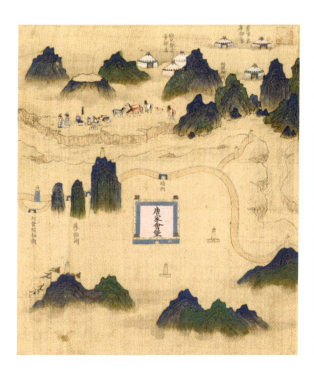

2.10-5 河会堡图

2.10-6 河曲县城图

2.10-7 河曲营城图

2.11 山西岢岚兵备道辖西路图

　　山西岢岚兵备道辖西路图属于《宣大山西三镇图说》之一部分。明万历三十一年（1603）杨时宁、白希绣等编绘，绢本彩绘，青绿山水画法，对折册页装裱，每页纵41.5厘米、横38厘米，藏日本宫内厅书陵部。

　　该套地图含总图1幅、分图20幅，以鸟瞰式立体形象画法描绘岢岚兵备道所辖西路偏头关一带形胜要害及边防情况。凡州县、营堡、瞭台、敌营、河流、山岳等，图中均予以注记。总图中黄河从辖区西境自西北往东南而来，水面绘以极富动态的水波纹，岸边以立体形象绘法绘出堤岸。各城、营、堡分图中，黄河及其支流经行情况均详细绘出。

2.11-1 山西岢岚兵备道辖西路总图

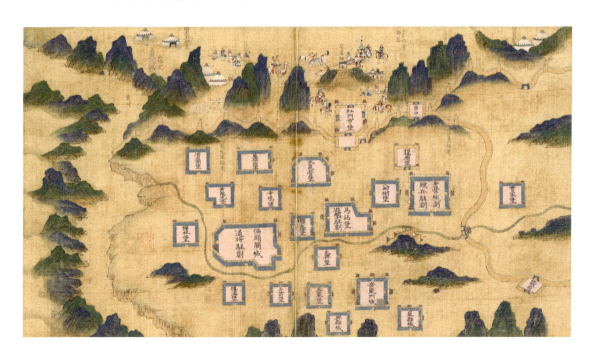

2.11-2 老营城图

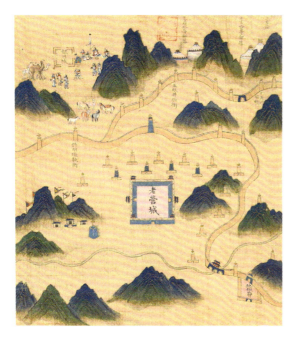

2.11-3 岢岚州城图

2.11-4 水泉营堡图

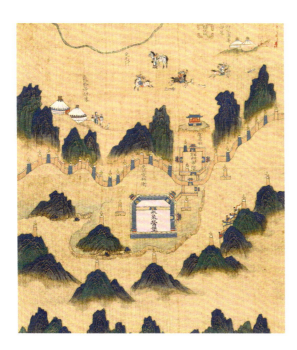

2.11-5 八柳树堡图

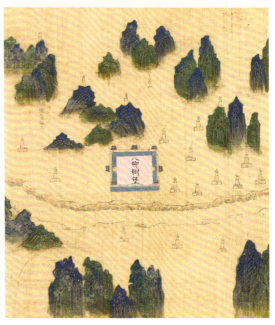

2.11-6 黄龙池堡图

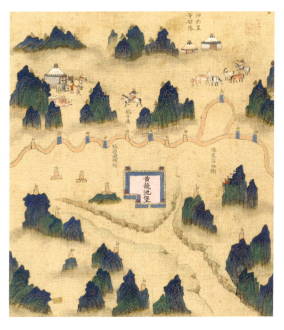

2.11-7 偏头关城图

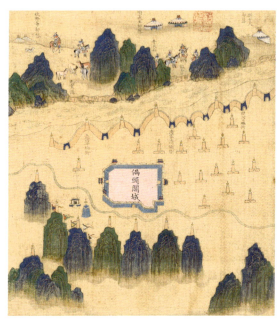

2.11-8 桦林堡图

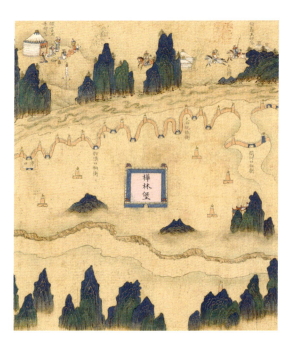

2.11-9 韩家坪堡图

2.11-10 永兴堡图

2.11-11 楼沟堡图

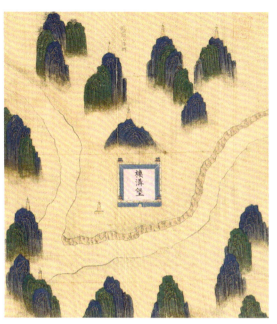

2.11-12 三岔堡图

2.11-13 五寨堡图

2.11-14 贾家堡图

2.11-15 岚县城图

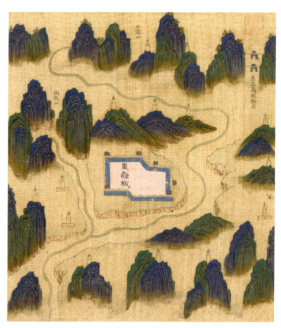

2.11-16 兴县城图

2.11-17 寺墕堡图

2.11-18 滑石涧堡图

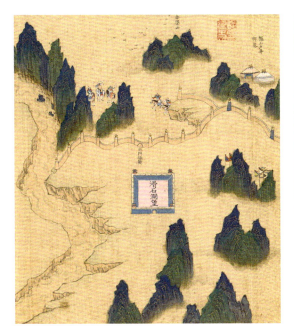

2.11-19 草垛山堡图

2.11-20 马站堡图

2.11-21 柏杨岭堡图

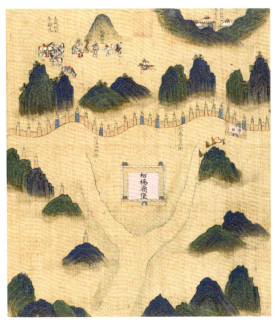

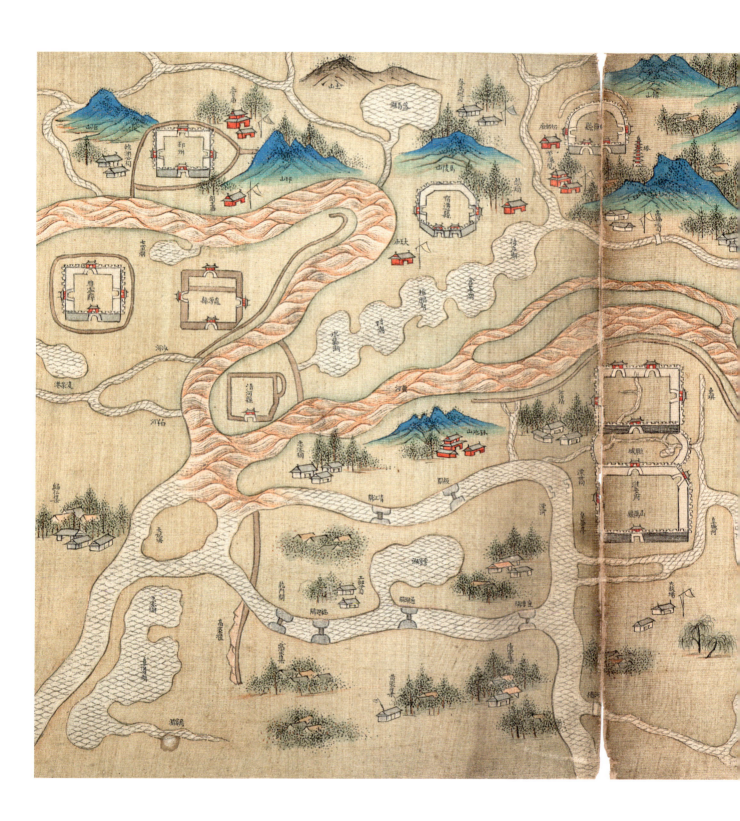

2.12 淮安府图

明代淮安府所领舆地河图，应为淮安府图说册之总图。不注绘者及绘制年代，据考证为明万历年间绘。绢本，彩绘，青绿山水画法。装裱为对折页，纵32厘米，横52厘米。香港科技大学图书馆藏3页图，此图为其一。国家图书馆藏《淮安府图说》一册，镇江博物馆藏《南京舆地图说》内含《淮安府图说》，均为12幅彩绘地图附图说，其中总图1幅图面内容均与此图一致。郑若曾《筹海图编》插"淮安府境图"图面内容也与此类似。

全图方位上北下南、左西右东，描绘注记明代万历年间淮安府境内邳州、海州二州，山阳、清河、桃源、沭阳、安东、盐城、宿迁、睢宁、赣榆九县，东海所、墟沟营两军事处所的位置及山河大势，标绘山林河湖、海岸、岛屿、巡司、庙宇等地物分布。图中黄河以棕褐色大波纹渲染标绘，自西向东曲折贯穿全境，在清河县以南与运河分开，携淮河东过淮安及山阳县城北，在安东县境羊寨以东入海，海口以北绘出西陬山。黄河、运河、淮河各处以褐色绘出堤防、闸坝及邳州、睢宁、沭阳三地环形护城外堤。图中可见漕船在清河至邳州间借行黄河河道。

2.13 水程图

明代京杭大运河水路沿线纪行图，绘记王世贞自太仓家中北上北京赴任沿途所见，3册84幅图。第1册32幅图，钱穀绘、张复摹，原绘本于万历二年（1574）赠王世贞，另名"钱穀纪行图"；第2册28幅图、第3册22幅图，张复随王世贞附舟北上沿途所绘，归来后交钱穀补色，画成于万历三年（1575）；第3册最后2幅图为万历五年（1577）张复补画。全图纸本，设色，画纵23.2厘米、横37.7厘米，藏台北故宫博物院。

全册84幅图自江苏太仓王世贞家中小祇园起，至通州、张家湾止，绘记王世贞由大运河舟行进京旅程之中的"江城山市、村桥野店、舟车行旅、川涂险易目前真境"。与传统胜景图不同，在展现山川、风物、名胜、古迹之外，各图还大量绘记行政机构、河道设施等，注记大运河地理节点地名110处，是一部地图式山水画集，也是历史上唯一的大运河地理图像文献集。

全册图所绘自黄淮运交汇的淮安附近至山东境夏镇之间的中运河行程，又称"河漕"，其间既有180里借黄行运的水程，又有徐州以北黄河支流杂多、乱流不断导致运道通塞无常的情况。本节选录的其中18幅图绘有黄河相关内容，分别为淮安、移风闸、清江浦闸、清河县、淮河口、桃源、古城、白洋河、宿迁、直河口、曲头集、邳州、吕梁洪、徐州、茶城口、境山、夹沟驿、夏镇。王世贞组绘这些图时，正是隆万年间黄河泛滥、水灾频发的高峰期，黄河各图所绘区域，多为史载水患涉及之处。如，"隆庆三年（1569）七月，河决沛县，自考城、虞城、曹、单、丰、沛抵徐州，俱受其害，茶城淤塞"。"隆庆四年（1570）八月，河决邳州，正流自睢宁曲头集起，至宿迁小河口，淤百八十里"。"曲头集"一图，描绘的正是河工修缮堤岸的场景。"隆庆五年（1571）四月，因茶城至吕梁黄水为淮水所束，不能下，复决邳州王家口；自灵璧双沟而下，北决三口，南决八口，大势下睢宁出小河，而匙头湾八十里正河悉淤"。"茶城口"图和本节未选的"安山闸"图，明显是写生未完成稿，应是行期所限导致。这两幅未完成的画稿在记录上是不完整的，却为我们考察古人的写生活动提供了一个切面。

2.13-1淮安

淮安

漂丹祠

2.13-2 移风闸

2.13-3清江浦闸

2.13-4 清河县

2.13-5淮河口

2.13-6 桃源

2.13-7古城

三義廟

古城

2.13-8 白洋河

白洋河

2.13-9宿迁

2.13-10 直河口

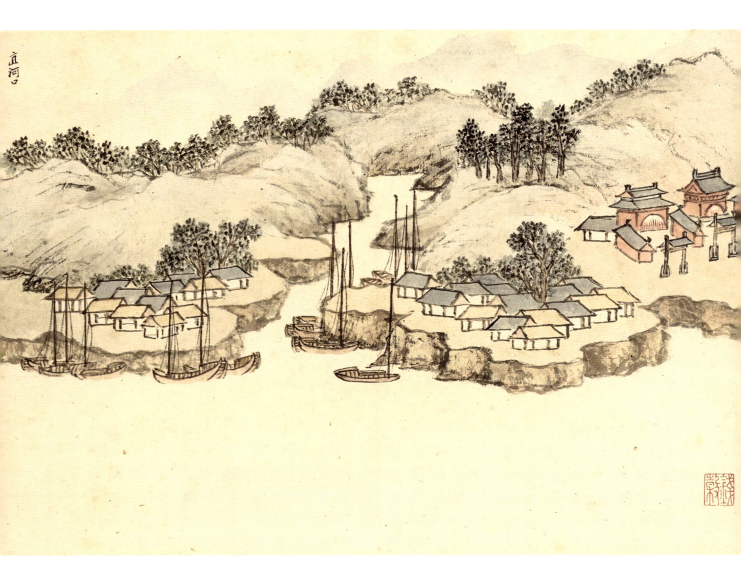

2.13-11 曲头集

2.13-12邳州

2.13-13 吕梁洪

2.13-14 徐州

2.13-15 茶城口

2.13–16境山

2.13-17夹沟驿

2.13-18夏镇

夏镇

2.14 纪游图

明代山水纪游图册，董其昌绘于万历二十年（1592）三月，绢本，设色，折册装19开，图36幅，题识1页，册纵31.9厘米、横17.5厘米，藏台北故宫博物院。

图册为董其昌沿运河水路北上之时所作。因黄河风浪，运口闭闸，其"舟中宴坐，阻风待闸，日长无事，因忆昨岁入闽山"，"今年自广陵至滕阳旅病，回车徘徊彭城、淮阴，皆四方之事，聊画所经以为纪游"。本节选录其中彭城戏马台、吕梁洪二图。戏马台位于徐州城南户部山。吕梁洪图题跋："吕梁县（悬）瀑三千仞，石骨出水上。忆予童子时，父老犹道之，今不复尔。东海扬尘，殆非妄语。"万历中期，黄河两岸全面筑堤，黄河主溜固定于徐州运道，"悬瀑三千仞，石骨出水上"的吕梁洪险滩不复存在，但带来水流强盛冲决河堤的新问题。董其昌画吕梁小景后一年（1593），"开泇行运"工程启动，10年之后，260里长的新运道竣工，实现避黄行运，漕运不再行经徐州黄河。

2.14-1彭城戏马台

彭城戏马台顶上遗跡今
尽为徐关张祠旁有文昌祠
後去征[?]

2.14-2吕梁洪

吕梁縣溝三千
伊尼骨出水上晓
于童于時又老
猶道之今不復
东東海揚廣岖
非妄語

2.15 朝天图

　　此图为明末朝鲜朝天图册25幅图的第15幅，描绘明天启四年（1624）齐河县城东大清河及大清桥一带景象。大清河为古济水下游河段，大清河桥地当南北通衢要冲。此处历史上经常被黄河冲决淤塞断流，黄河多次漫溢济水、大清河夺流入海。此图绘后不久的明崇祯年间、清顺治年间均有黄河决口，"溢入济河故道，水势汛滥，驾桥而上"。清咸丰五年（1855），黄河最终夺大清河河道经此入海，形成至今的黄河下游河道走向，盛极三百年的南北要冲大清河桥也淹没于黄河茫茫烟波。

　　朝天图册，明天启四年（1624）朝鲜李德馨绘，纸本设色，共25幅图，记绘朝鲜王朝李德馨等出使明朝为朝鲜仁祖请册准封时的海陆沿途情形，藏韩国国立中央博物馆。

2.16 河南府河图

　　清乾隆年间（约1754—1767）套图，绢本彩绘，含11幅图，每幅图约纵90厘米、横90厘米，折叠装，每幅18折，折纵32厘米、横16厘米，藏美国国会图书馆。

　　全套图含河南府河图1幅，为总图。河南府巩县、登封、洛阳、孟津、渑池、嵩县、新安、偃师、宜阳、永宁10个属县各具一幅河图。各图均以南为上方，以传统立体形象画法描绘乾隆年间河南府全境十邑内的山川、城镇地理状况，重点表现境内黄河及其支流伊河、洛河的水系分布、堤埝工程、灌溉渠道及泄水行洪情况。图上无文字注记，以另附图说及贴红签墨书的形式载明城池、渠道及灌溉亩数。

2.16-1河南府河图

2.16-2巩县河图

2.16-3登封县河图

2.16-4洛阳县河图

2.16-5孟津县河图

2.16-6 渑池县河图

2.16-7 嵩县河图

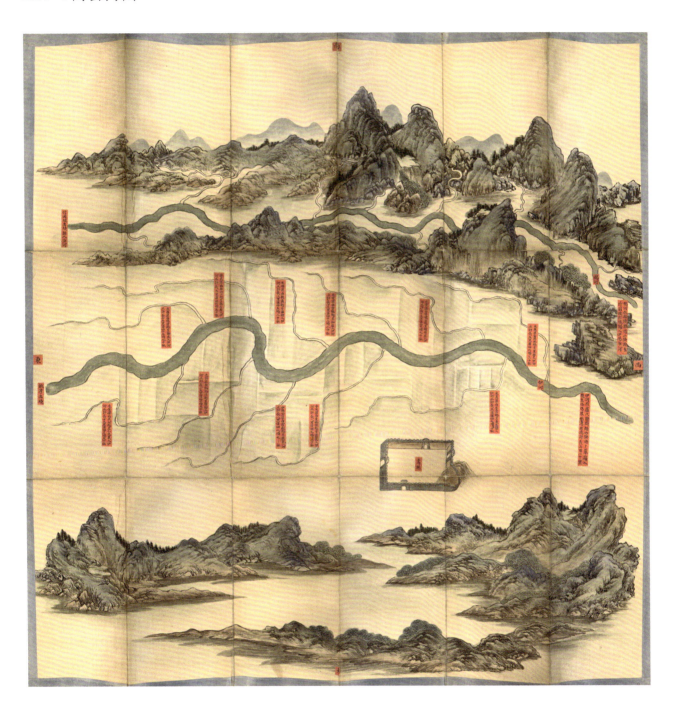

2.16-8 新安县河图

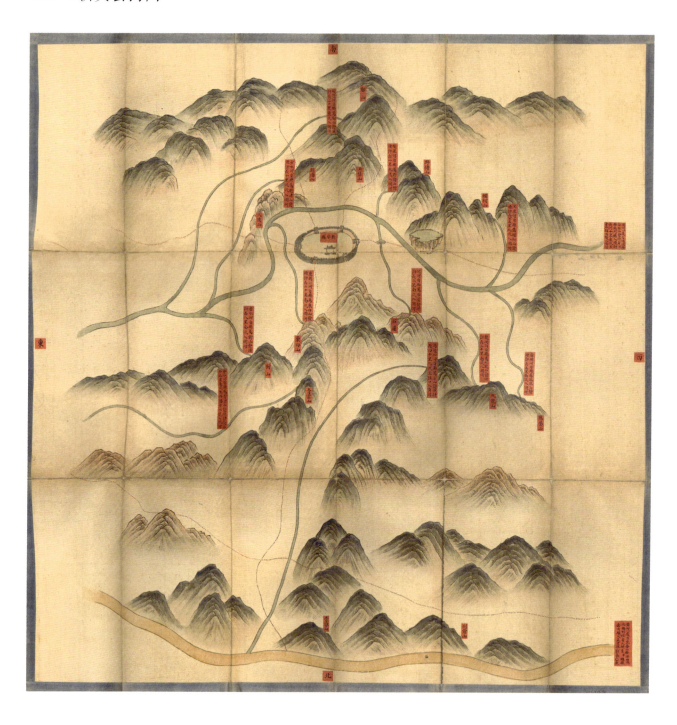

2.16-9 偃师县河图

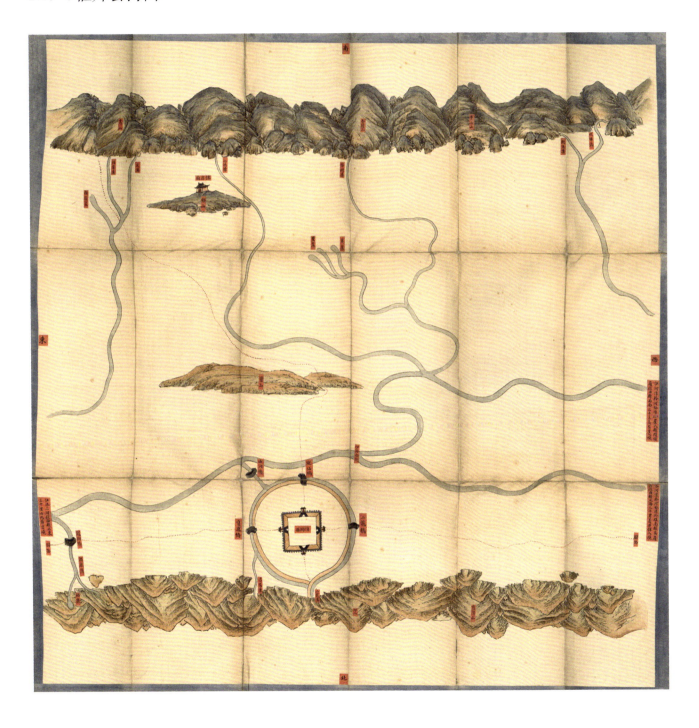

2.16-10宜阳县河图

2.16-11 永宁县河图

2.17 春耕草堂图

　　清禹之鼎绘于康熙五十二年（1713），绢本卷，设色，青绿山水画法，纵30.4厘米，横128厘米，藏湖南博物院。图为商丘宋起延请禹之鼎所作。康熙五十二年夏，宋起奉命督修永定河决口处，"乘橇鸠工，寝处于暴雨烈日下"，因思商丘老家"涝丘村畔一枕茅堂，盖不啻霄壤"，归后请画家禹之鼎至署，按照其叙说，描画黄河之畔商丘家乡村居情形，"作春耕草堂图，取古人故园田土忆春耕之意"。

2.18《泛槎图》插图

《泛槎图》是一部版画集，包含《泛槎图》《续泛槎图》《续泛槎图三集》《舣槎图四集》《漓江泛棹图五集》《续泛槎图六集》6种，汇集作者张宝平生游览所绘103幅风景画作。

张宝，字仙槎，生于乾隆二十八年（1763），江南上元（今属江苏南京）人，自幼即喜作画，工山水，好游览，前后四十余年，载笔浪游，足迹遍历十数省，每遇佳山水，辄仿各名家笔法，各绘为图，并题诗其上，积之日久，蔚为大观。嘉庆二十四年（1819）至道光十二年（1832），他亲自勾摹，将所绘付之良工，陆续刊印六册行世，除了少量的7幅，均为作者的游踪所至，鸿雪留痕。

在103幅泛槎图中，本节选录与黄河相关的6幅。黄河晚渡、龙门激浪以诗画描绘黄河胜景，嵩屏晓翠、太华晴岚借名山画咏黄河，清江候闸绘记清江浦上船待闸启欲渡黄河的情形，昆仑演派绘述万山、江河脉出昆仑之说。

2.18-1 黄河晚渡

2.18-2 龙门激浪

2.18-3 嵩屏晓翠

2.18-4 太华晴岚

2.18-5 清江候闸

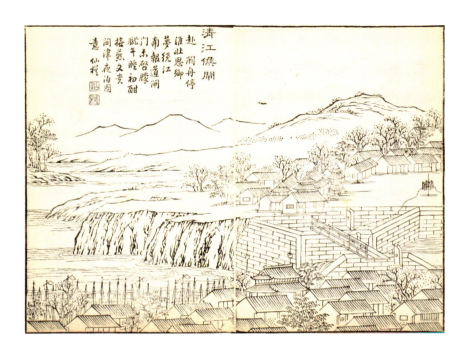

清江候闸

赴闸舟傅
淮壮恩乡
梦绕江
南报道闸
门未启腾
初酣
腌午睡
格蒸文贵
闲津夜泊冈
意仙楫

2.18-6 昆仑演派

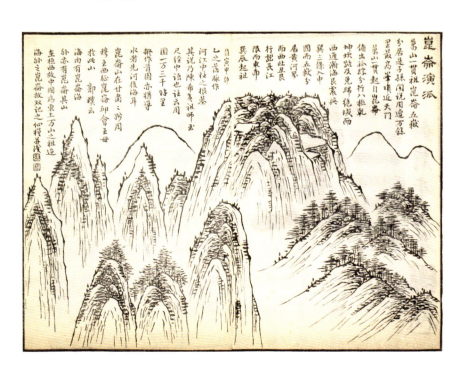

昆仑演派

蜀山一贯祖昆仑五岳
分居是子孙闲说昆仑遇万馀
里昆最高峰填近天门
昆山一贯起自昆仑
备出论路分行八极乾
坤坎骧及兑骧绝域而
西通满海长莫兴
其三条入中
圆而五骧兮
居黄河界
而西让巨民
行挖长江
限而东布
冀辰起祖

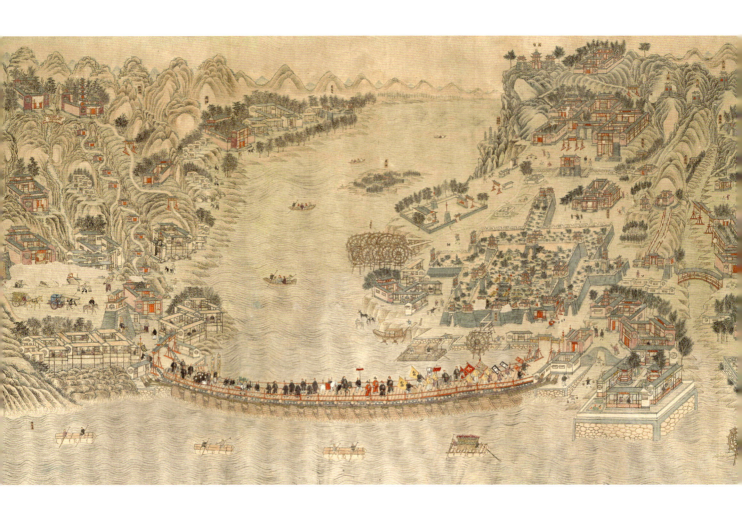

2.19 黄河兰州浮桥图

　　清后期山水画式地图，不注绘者及绘制年代，经考证绘于同治元年至六年（1862—1867），纸本，彩绘，工笔画法，纵126厘米，横234厘米，藏台北故宫博物院。

　　全图方位大致上东下西、左北右南，收览范围西起白马浪，东至北塔山，北跨金城关，南界金天观，描绘清代晚期同治初年兰州黄河及两岸的景象。始建于明初的黄河第一桥镇远铁索浮桥由二十四条大船搭建而成，连接金城关、兰州城两岸，左右各立牌坊"第一桥""九曲安澜"，桥上人马乘舆仪仗相接。河面上轮桨船、羊皮筏、撑篙艇、木排筏往来竞奔。桥左岸为金城关、金山寺及北塔山，塔寺观庵沿山而建。桥右岸为兰州城、金天观、崇庆寺及龙尾山。山上有四个墩堡，自下向上为头墩、二墩、三墩、四墩，与建在华林山上的城堡形成犄角之势。墩堡外砌青砖而中空，可藏兵百余人。

2.20 金城揽胜图

　　清同治、光绪年间民间画家马五所绘兰州山川城郭形胜图，纸本，水墨、设色，纵83厘米，横150厘米。

　　全图以黄河北岸北塔山顶为视点，由近及远描绘黄河、兰州城、皋兰山脉古风胜景。图右下一角即为北塔山麓，明景泰间所建白塔耸立山顶，塔山左右可见黄河白马浪边的金城关、烧盐沟口的凤林关。黄河自西向东而过，浊浪翻滚。创自明初的镇远黄河浮桥架设于北塔山下，桥南三楹牌坊矗立。浮桥中部设开合闸门，以便船筏通过。黄河南岸有两轮水车及蒸汽抽水机。黄河南岸为兰州城郭，陕甘总督署高擎的刁斗旗杆、嘉福寺巍然的十三层木塔、白衣寺的十三级砖塔是城内最为显眼的地标。兰州城南为皋兰山脉，"五泉飞瀑"、千佛阁、崇庆寺、二郎庙、太清宫及驻兵墩台等历历可见。

卷三

关河古事

博望沉埋不复旋
黄河依旧水茫然

　　本卷收录描绘黄河相关历史事件和人物故事的绘画，共23组119幅（卷），大致以绘画内容相关历史事件和人物故事发生时间为序排列。绘画描绘内容上迄夏商周三代旧事，下至明末战事。绘画形式主要为画集册、插画、版画、长卷、立轴，以图文相配形式居多，材质为绢本、纸本，绘制技法有水墨、白描、青绿、浅绛以及木刻墨印，绘制年代为北宋至清代，个别伪托上至汉代。

3.1 钦定书经图说

《尚书》配绘插图本，清光绪年间孙家鼐等奉旨纂辑。用本为清光绪三十一年（1905）内府刊石印本，两函16册50卷，配版画570幅。半叶框纵23.6厘米、横16厘米，十行，行二十四字。藏东京艺术大学附属图书馆。

《尚书》原名"书"，是一部追述上古事迹之著作汇编，所记为约4000年至2600年前虞、夏、商、周时期政治、思想、艺术、法令、天文、地理、军事诸多领域的人物言论和史事。此本《书经图说》为孙家鼐、张百熙等纂辑经注，并延聘江南画师对其内容凡有事实可图者遂自为图。其地理诸图，本清儒胡渭《禹贡锥指》。而人物衣冠以及器用，则依据晋顾恺之《列女传图》、宋聂崇义《三礼图》及明张居正《帝鉴图说》。图绘工致，版印精美。而楼台界画，人物勾勒，穷态极妍，犹见北宋遗风。全书以图为主而系之以说，图文相辅，版本阔大，是清朝末年石版印刷术传入中国后的代表作之一。

本节选录各书所记导河治水、太康失国、盘庚迁殷、武王伐纣、成周迁洛、汤武用命等黄河相关古事版画53幅。

3.1-1试鲧治水图

《虞书·尧典》图。绘记尧帝轸恤水灾，令崇伯鲧试治，以苏民困。

3.1-2 稷播百谷图

《虞书·舜典》图。绘记洪水昏垫，地利未复，黎民阻饥，舜帝命弃为后稷，专司养民，播时百谷。

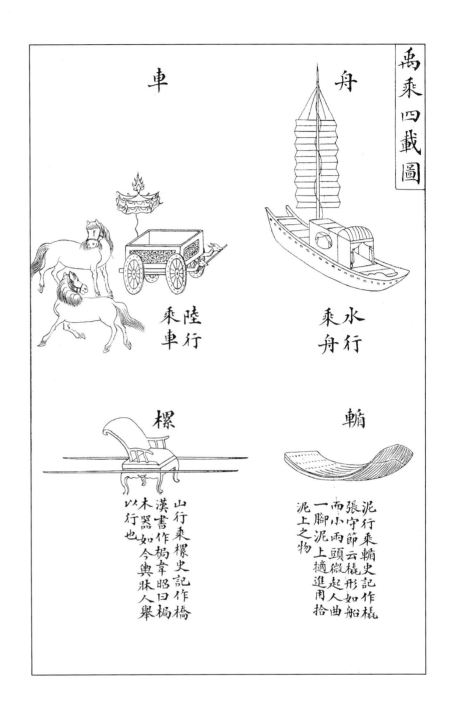

禹乘四載圖

車　　　　舟

乘陸車行　　乘水舟行

橇　　　　輴

山行乘橇史記作橋漢書作橋韋昭曰橋以木器如今輿牀人舉以木行也

泥行乘輴史記作橇張守節云橇形如船而小兩頭微起一腳泥上擿進用拾泥上之物

3.1-3 禹乘四载图

　　《虞书·益稷》图。绘记禹乘舟、车、輴、橇四载，随山刊木，使水依山势，以就其道。通决九州名川，导之各距至于海，使大水有所归。

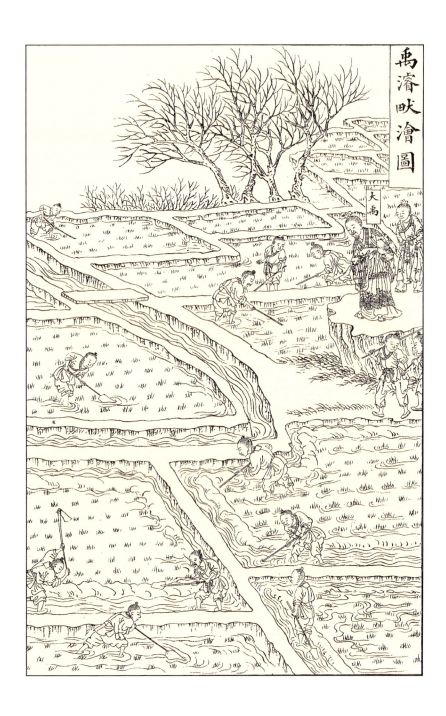

3.1-4 禹浚畎浍图

《虞书·益稷》图。绘记禹疏浚田间畎浍，导之各距至于川，使小水有所泄，田亩甫正，复教民播种。

3.1-5 随山刊木图

《夏书·禹贡》图。绘记禹治水之要：两山之间，多有一水。随山而行，刊除树木以通道路，而后疏壅导滞，奠定山川。

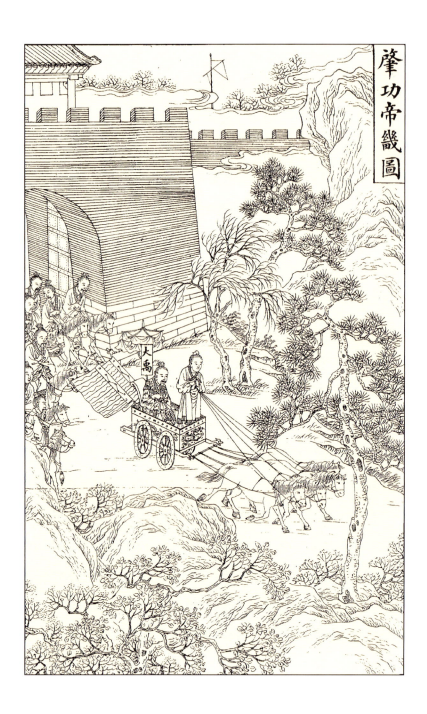

3.1-6 肇功帝畿图

《夏书·禹贡》图。绘记禹治水之功始于尧舜帝都。既载壶口，治梁及岐。既修太
原，至于太岳之阳。

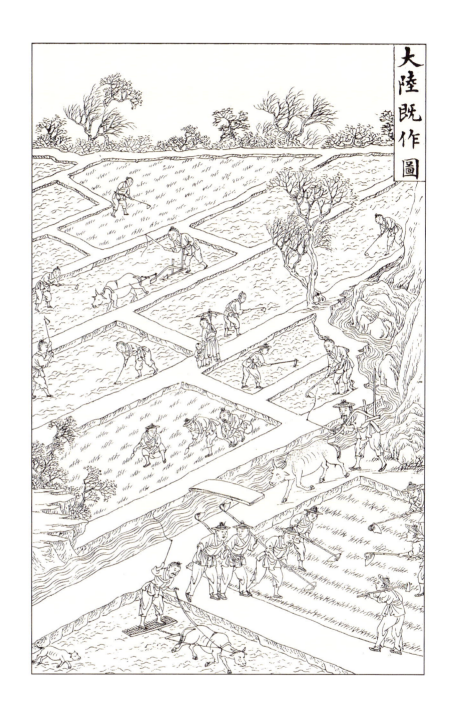

3.1-7 大陆既作图

《夏书·禹贡》图。绘记禹治冀州水患后，水平土见，乃辨土色土性，教民稼穑树艺。

3.1-8 岛夷皮服图

《夏书·禹贡》图。绘记禹治平冀州水患后，贡道既成，海岛之夷始有皮服之贡，
其由碣石循海入黄河以至于帝都。

3.1-9 桑土既蚕图

《夏书·禹贡》图。绘记禹治平兖州之地黄河水患,桑蚕之土皆复其旧。

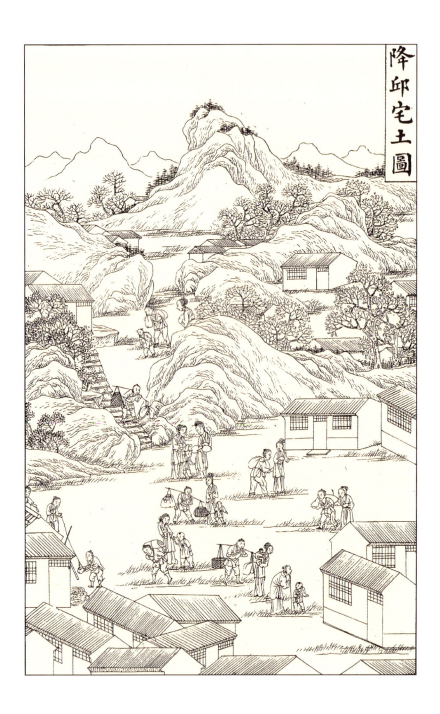

3.1-10 降丘宅土图

　　《夏书·禹贡》图。绘记禹治平兖州之地黄河水患，昔之避居于陵阜高丘之民，始可降宅于平地。

3.1-11织文入贡图

《夏书·禹贡》图。绘记禹治平兖州之地黄河水患，漆、丝、织文等土产至于贡道，或浮于济，或浮于漯，并可入于黄河以达京师。

3.1-12 泗滨浮磬图

《夏书·禹贡》图。绘记泗水旁有石浮露于水，其声清越，可琢以为磬。禹定徐州
贡道之后，泗滨浮磬之石入贡，可浮舟于泗水，达于黄河。

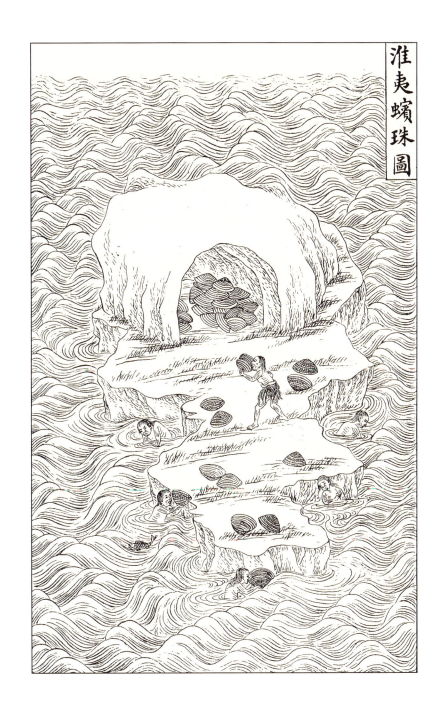

3.1-13 淮夷蠙珠图

《夏书·禹贡》图。绘记淮浦诸夷有蠙蚌之珠，可供服饰。禹定徐州贡道之后，淮夷蠙珠入贡，可浮舟于淮，由淮溯泗，达于黄河。

3.1-14锡贡磬错图

《夏书·禹贡》图。绘记豫州西境所产磬错，为攻玉之石，非常有之物，待王锡命入贡京师。其贡道为禹豫州治水成功之后，浮舟洛水达于黄河。

3.1-15 三苗丕叙图

《夏书·禹贡》图。绘记禹雍州治水及奠定山原隰泽之后，三危既宅，三苗安定。

3.1-16 西戎即叙图

《夏书·禹贡》图。绘记禹雍州治水之后，舟船可浮于积石，至于龙门、西河，会于渭水入河处，西戎由此安定。

3.1-17 导山副图

《夏书·禹贡》图。绘记禹循导诸山，导岍及岐，至于荆山，逾于河；壶口、雷首至于太岳；底柱、析城至于王屋。刊木开道，表识形势，以辅治水。

3.1-18 导河副图

《夏书·禹贡》图。绘记禹治黄河源流，导河积石，至于龙门；南至于华阴，东至于底柱，又东至于孟津，东过洛汭，至于大伾；北过洚水，至于大陆；又北播为九河，同为逆河，入于海。

3.1-19 导沇副图

《夏书·禹贡》图。绘记禹导沇水，东流为济，入于黄河，溢为荥；东出于陶丘北，又东至于菏，又东北，会于汶，又北，东入于海。

3.1-20 导渭副图

《夏书·禹贡》图。绘记禹导渭水源流，渭自鸟鼠同穴，东会于沣，又东会于泾，又东过漆沮，入于黄河。

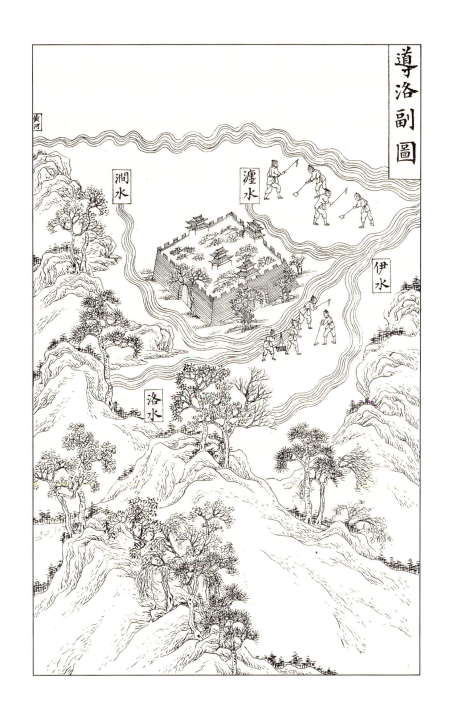

3.1-21 导洛副图

《夏书·禹贡》图。绘记禹导洛水自熊耳，东北会于涧、瀍；又东，会于伊，又东北，入于黄河。

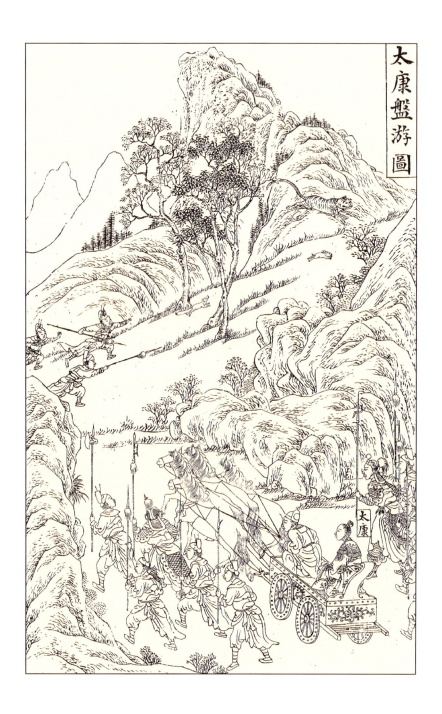

3.1-22 太康盘游图

　　《夏书·五子之歌》图。绘记夏君太康安逸豫乐，盘游无度。其自夏都安邑渡黄河而南，远畋于洛水之外十旬之久。

3.1-23 后羿距河图

《夏书·五子之歌》图。绘记有穷国后羿以民心离散为由，北距黄河，阻止夏君太康渡河返国。

3.1-24 御母洛汭图

　　《夏书·五子之歌》图。绘记太康五位兄弟为其母御车，在洛水入河处等候，太康久而不返，致使后羿距河，五子与母均不得北渡黄河返国。

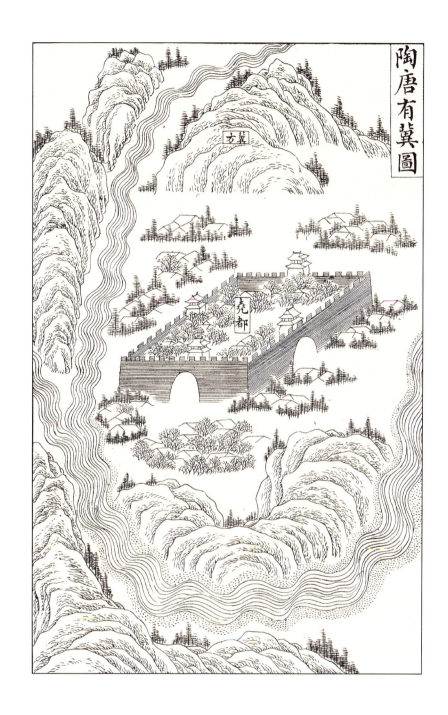

3.1-25 陶唐有冀图

《夏书·五子之歌》图。绘记太康五位兄弟结想尧都安邑之盛，感叹自陶唐时有此
冀方之地，今失其道，乱其纪纲，乃至失去国都所在河北故地。

3.1-26承命徂征图

《夏书·胤征》图。绘记后羿距占夏都安邑河北之地,仲康嗣位于黄河南岸之阳夏,以胤侯掌管六师,防备后羿并力图规复河北。

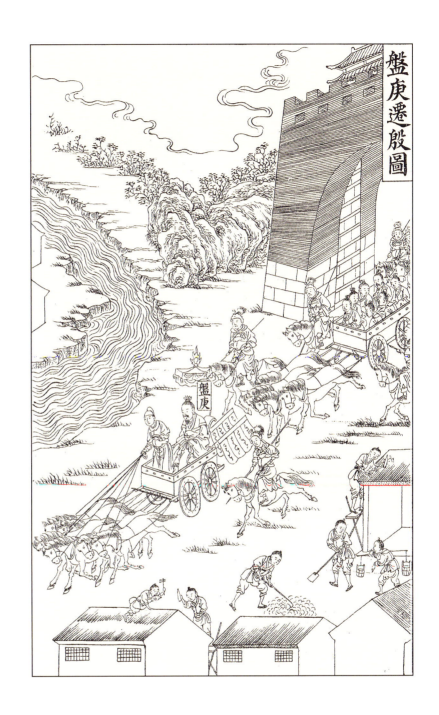

3.1-27盘庚迁殷图

《商书·盘庚》图。绘记商王盘庚因祖乙以来都城耿地屡被河患,商议自黄河之北
迁都于黄河之南殷地。

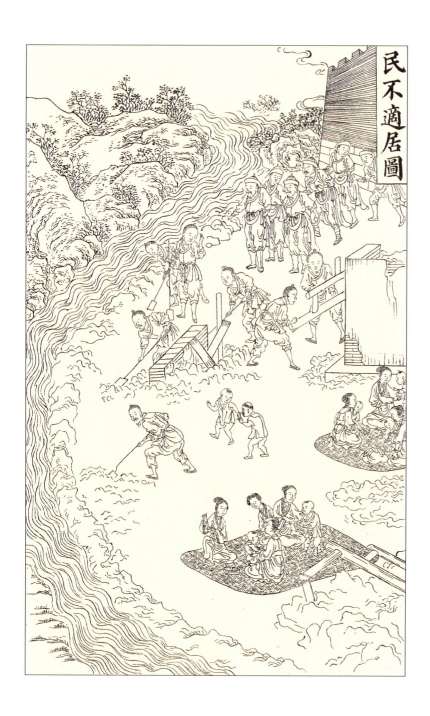

3.1–28民不适居图

《商书·盘庚》图。绘记盘庚亟定南涉迁殷之策，民众惑于利害浮言，虽因河患导致耿地居止无所，也不欲迁离故地往居于殷。

3.1-29无弱孤幼图

《商书·盘庚》图。绘记盘庚向群臣表示必迁之志，告诫应虑及旧都河患，念及孤幼者尤易受害。

3.1-30 用德彰善图

《商书·盘庚》图。绘记盘庚威告群臣"恭尔事，齐乃位，度乃口"，布置迁都事宜。

3.1-31涉河迁民图

《商书·盘庚》图。绘记盘庚自耿地乘船，准备涉河南迁，召集民众演讲迁都
利害。

3.1-32 殷降大虐图

《商书·盘庚》图。绘记盘庚叙说旧时天降水涝大灾于殷，先王能不怀故居，以民为利，上下齐心，共行其迁都之策。

3.1-33乘舟弗济图

《商书·盘庚》图。绘记盘庚以乘舟不济为喻，警告臣民以不迁之害。

3.1-34 荡析离居图

《商书·盘庚》图。绘记旧都耿地为河水所圮，民用浮荡，分析离散，居处没有
定止。

3.1-35宏赉新邑图

《商书·盘庚》图。绘记盘庚能用善从卜，完成宏大迁都之业。

3.1-36 大会孟津图

　　《周书·泰誓》图。绘记周武王继位十三年春，召集诸侯大会于黄河孟津，致其誓戒之词，声讨纣失其道，宣告伐商大计。

3.1-37河朔誓师图

《周书·泰誓》图。绘记周武王于周正月二十八日渡河,屯兵于黄河北岸。待诸侯渡河会合,拊循诸军,誓师伐商。

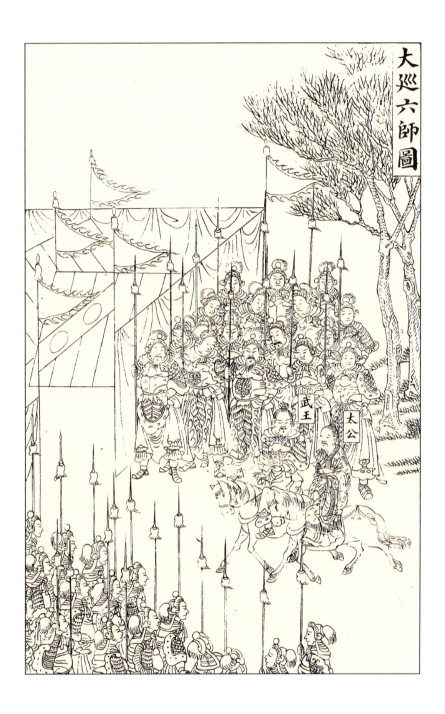

3.1-38 大巡六师图

《周书·泰誓》图。绘记周武王在黄河之北整军进发商郊，巡行警备，重申誓令。

3.1-39 牧野誓师图

《周书·牧誓》图。绘记周武王陈兵于黄河北岸商郊之牧野，在甲子日天将明未明之时，慰劳从西远征诸军，再申伐纣誓令。

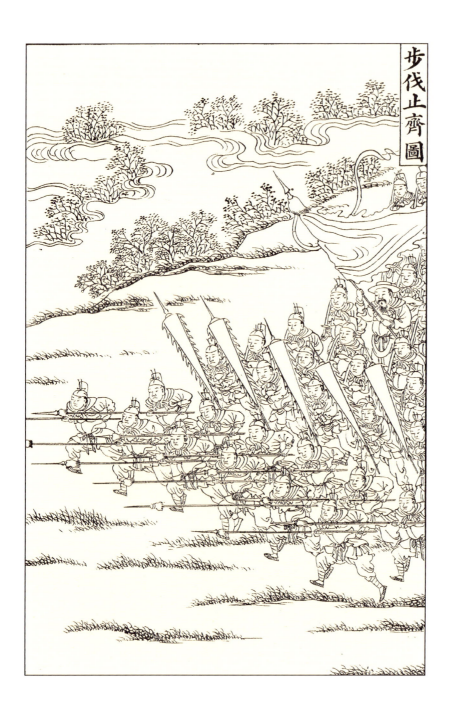

3.1-40步伐止齐图

　　《周书·牧誓》图。绘记周武王陈兵于黄河北岸商郊之牧野,临战谆谆告诫,整饬部伍,申明交兵接战攻击战斗之法。

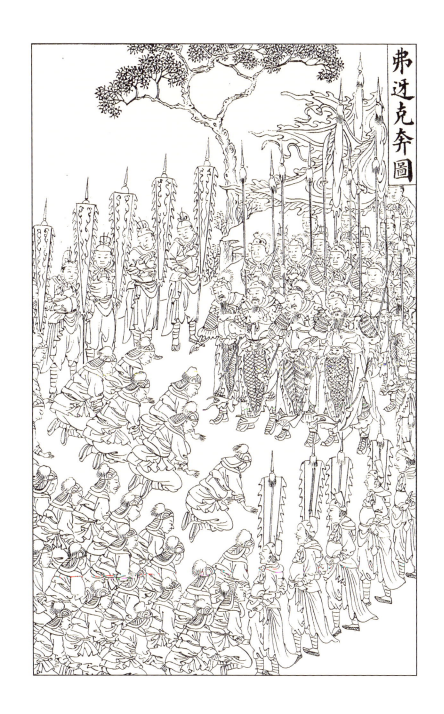

3.1-41 弗迓克奔图

　　《周书·牧誓》图。绘记周武王陈兵于黄河北岸，桓桓如虎如貔如熊如罴，威猛以
直逼商郊。殷纣如林之众奔而降之，周武王告诫诸军不要迎击。

3.1-42归马华山图

《周书·武成》图。绘记周武王克商归来，偃武修文，行军所用之马，散之于黄河之畔华山之阳，示天下以不复用兵之意。

3.1-43 放牛桃林图

《周书・武成》图。绘记周武王克商归来，偃武修文，载大车之牛，放之于黄河之畔桃林之野，示天下以不复用兵之意。

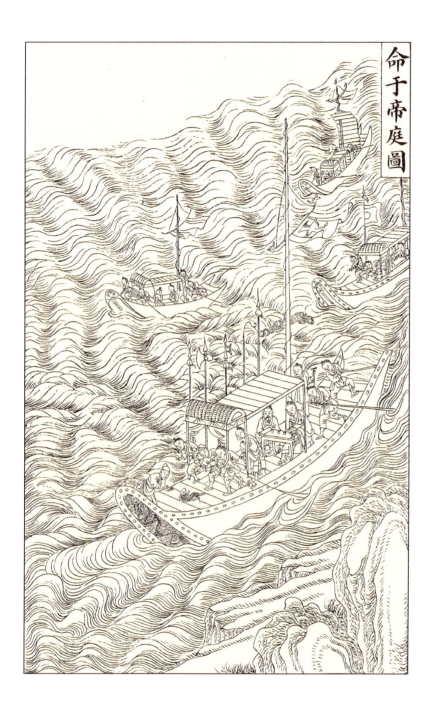

3.1-44 命于帝庭图

《周书·金縢》图。绘记周武王伐商，于孟津渡河之时，天赐以黄鸟之旗、白鱼之瑞，不啻受命于上帝之庭。

3.1-45率众东征图

《周书·大诰》图。绘记武王崩，管叔、蔡叔、武庚三监联合淮夷作乱。周公相成王，昭诰东征。

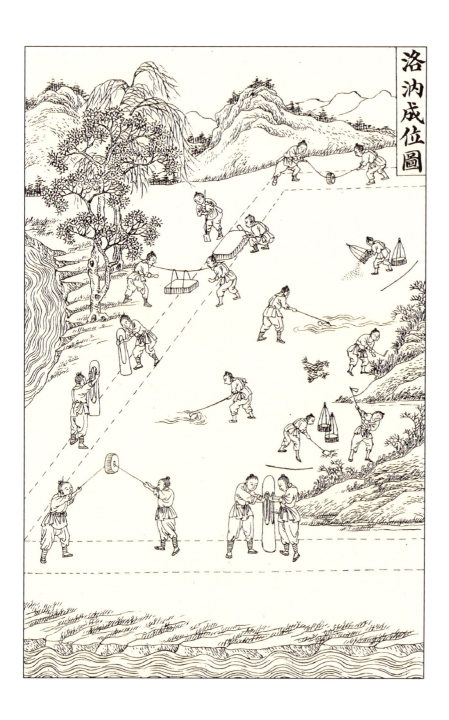

3.1-46洛汭成位图

《周书·召诰》图。绘记周成王欲迁都于洛，召公先行于洛水入河之处经营规度，查勘划定左祖右社、前朝后市的位次。

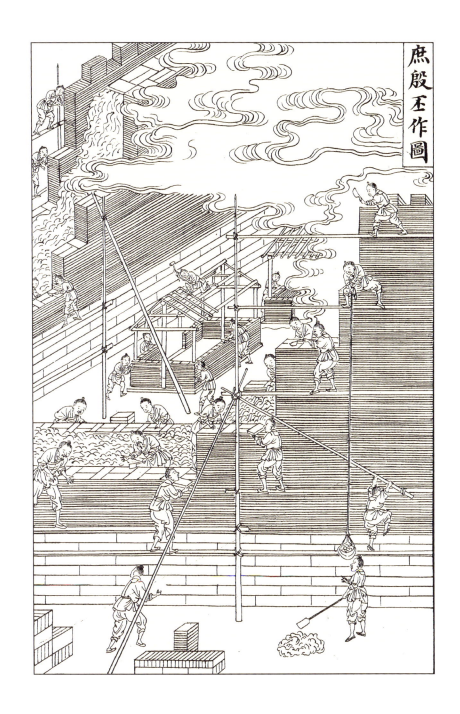

3.1-47 庶殷丕作图

《周书·召诰》图。绘记周公于洛水入河之处，召集殷民及侯、甸、男各邦诸侯，兴工营造洛邑新城。

3.1-48作邑东国图

《周书·洛诰》图。绘记周公经营建造洛汭新都。

3.1-49 卜都涧瀍图

《周书·洛诰》图。绘记周公于黄河北岸、南岸各处卜测建都吉位，最终测定南岸涧、瀍之间近洛水处，其地建为王城洵足长久。

3.1-50 多士西迁图

《周书·多士》图。绘记周公以成王命诰，自东迁殷顽民于洛水之西。

3.1-51天降休命图

　　《周书·多方》图。绘记成汤于洛水之旁尧帝祭坛，见黄鱼双跃，黑乌随之，于坛上化为黑玉。又有黑龟赤文成字，言"夏桀无道，汤当代之"。

3.1-52 简畀殷命图

《周书·多方》图。绘记武王孟津会师伐纣,有白鱼入舟、赤乌集顶,为天意简选、周代殷命之兆。

3.1-53 三亳阪尹图

《周书·立政》图。绘记周初将殷商旧都之民来服者三分，于黄河两岸东成皋、南轘辕、西降谷三地居住，设三亳阪尹管理。

3.2 渭水飞熊图（局部）

南宋刘松年绘，绢本，设色，青绿山水，长卷，纵45.5厘米，横558.2厘米，藏日本早稻田大学图书馆。

图绘商末西伯周昌渭水访吕尚故事。事出《搜神记》："吕望钓于渭阳。文王出游猎，占曰：今日猎得一兽，非龙，非螭，非熊，非罴。合得帝王师。果得太公于渭之阳，与语，大悦，同车载而还。"吕尚，姜姓吕氏，字子牙，号飞熊，世称姜太公、吕望等。商末韬略家、军事家与政治家，西周开国元勋，封齐。渭滨垂钓为文人画常见题材。

3·3 采薇图

南宋李唐绘，绢本，长卷，设色，画芯纵27.2厘米、横89.6厘米，藏故宫博物院。

图绘殷末伯夷、叔齐"不食周粟"故事。《史记》载，伯夷、叔齐为殷时方国孤竹君之二子，因互让君位逃归西伯周昌。西伯卒，武王伐纣，二人叩马谏阻，以周发父死不葬、以臣弑君，为不孝、不忠。武王克殷，天下宗周，伯夷、叔齐耻之，义不食周粟，隐于首阳山，采薇而食，作歌，其辞曰："登彼西山兮，采其薇矣。以暴易暴兮，不知其非矣。神农、虞、夏，忽焉没兮，我安适归矣？于嗟徂兮，命之衰矣。"遂饿死于首阳山。图绘可见首阳山在黄河之滨。

3·4 首阳采薇图

此图为天下名山图册之一，托名汉刘白绘，绢本，青绿山水，纵73.4厘米，横98.6厘米，藏台北故宫博物院。题署"汉刘白首阳采薇图"，"首阳山在蒲州东南三十里，即《禹贡》雷首山也。殷伯夷、叔齐隐于此，上有夷、齐墓并庙"。右上角书录《采薇歌》："登彼西山兮，采其薇矣。以暴易暴兮，不知其非矣。神农、虞、夏，忽焉没兮，我安适归矣？于嗟徂兮，命之衰矣。"左上角书唐李颀《登首阳山谒夷齐庙》诗前八句，后十句未录，且署为"题汉刘新丰采薇图诗一首""李颀"，显系伪托之作。

图取李颀《登首阳山谒夷齐庙》全诗之意，描绘殷末伯夷、叔齐义不食周粟，隐于首阳山故事。"白云空复多""皓首采薇歌""引领望黄河"等句内容均在图中加以表现。

天下名山图册分为元、亨、利、贞四册，托名宋徽宗辑，收集署名自汉至宋名山绘画及书法作品共80件，其中以元明时期托名伪作为多。

3·5唐风图卷

　　宋马和之绘，绢本，长卷，设色，纵28.1厘米，横814.1厘米，藏辽宁省博物馆。全卷十二图，绘《诗经·国风·唐风》十二章诗意，每图之前书录《毛诗序》及原诗，传为南宋高宗赵构所书，恐非。本节所录两诗，记述黄河近旁古事。《扬之水》所记为晋昭公事，"昭公分国以封沃，沃盛强，昭公微弱，国人将叛而归沃焉"。《采苓》讽晋献公事，"献公好听谗焉"。诗中"首阳之巅""首阳之下""首阳之东"即今山西永济雷首山，位于黄河之畔。

3.5-1扬之水

3.5-2 采苓

3.6陈风图卷

宋马和之绘，绢本，长卷，设色，纵26.7厘米，横739厘米，藏英国伦敦不列颠博物馆。全卷十图，绘《诗经·国风·陈风》十章诗意，每图之前书录《毛诗序》诗解及原诗，为南宋高宗赵构真迹。本节所录《衡门》诗，"岂其食鱼，必河之鲂？岂其取妻，必齐之姜？岂其食鱼，必河之鲤？岂其取妻，必宋之子？"意指黄河的鲂鱼、鲤鱼，都是鱼中之味美者。

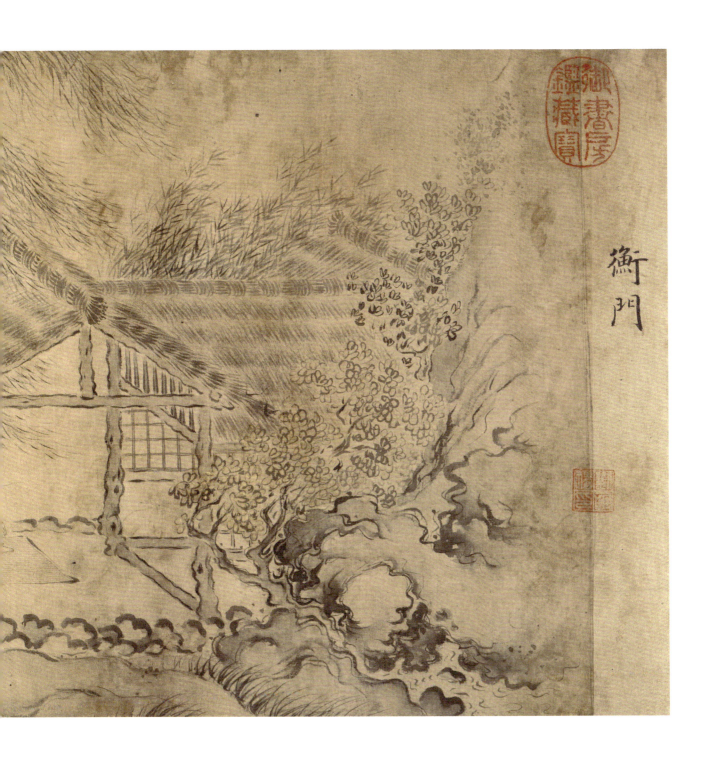

衡門

3.7豳风图卷

宋马和之绘,绢本,长卷,设色,纵26.2厘米,横621.9厘米,藏故宫博物院,美国大都会艺术博物馆亦藏极相近另本。全卷七图,绘《诗经·国风·豳风》七章诗意,每图之前书录《毛诗序》诗解及原诗,传为南宋高宗赵构书,应非。本节所录三图,原诗记述河、渭一带古事。《七月》记录西周早期黄河流域关中一带农业生产和人们日常生活情况,按照季节的先后,从年初写到年终,从种田养蚕写到河中凿冰,反映了一年四季的多层次劳作。《东山》诗记"周公东征三年而归",图绘"我徂东山"河水依行,指沿渭水东行至黄河。《九罭》诗"九罭之鱼,鳟鲂",图绘渭河流域舟行网鱼情形。

3.7-1七月

3.7-2 东山

3.7-3 九罭

3.8 鹿鸣之什图卷

　　宋马和之绘，绢本，长卷，设色，纵28厘米，横864厘米，藏故宫博物院。全卷十图，绘《诗经·小雅·鹿鸣之什》十章诗意，每图之前书录《毛诗序》诗解及原诗，为南宋高宗赵构真迹。本节录《鱼丽》诗图，描绘西周都城镐京地区的"鱼丽于罶"的捕鱼活动，诗中记录的鱼类有鲿、鲨、鲂、鳢、鰋、鲤。

魚麗

3·9 南有嘉鱼图卷

　　宋马和之绘,绢本,长卷,设色,纵27厘米,横383.8厘米,藏美国波士顿美术博物馆。全卷六图,绘《诗经·小雅·南有嘉鱼之什》其中六章诗意,每图之前书录《毛诗序》诗解及原诗。本节录两诗图,为反映西周都城镐京周边河上打鱼、泛舟情形。《南有嘉鱼》,"烝然罩罩""烝然汕汕",一网一罩,鱼多且好。《菁菁者莪》诗图描绘河上泛舟情形,"泛泛杨舟,载沉载浮。既见君子,我心则休"。

3.9-1 南有嘉鱼

3.9-2 菁菁者莪

3.10 节南山之什图卷

传为宋马和之绘，绢本，长卷，设色，纵25.8厘米，横857.6厘米，藏故宫博物院。全卷十图，绘《诗经·小雅·节南山之什》十章诗意，每图之前书录《毛诗序》诗解及原诗，旧传南宋高宗赵构书。本节录《巧言》诗图，诗为"大夫伤于谗，故作是诗"以刺幽王，图绘诗人登高望河感叹，"彼何人斯？居河之麋。无拳无勇，职为乱阶"，"河"即指黄河。

3.11 清庙之什图卷

传为宋马和之绘，绢本，长卷，设色，纵32.6厘米，横973厘米，藏辽宁省博物馆。全卷十图，绘《诗经·周颂·清庙之什》十章诗意，每图之前书录《毛诗序》诗解及原诗，旧传南宋高宗赵构书。本节录《时迈》诗图，为周武王克商后，巡行诸侯各邦，祭告上天和山川诸神所作。"怀柔百神，及河乔岳"，祭告的诸神包括了黄河及高山大岳。

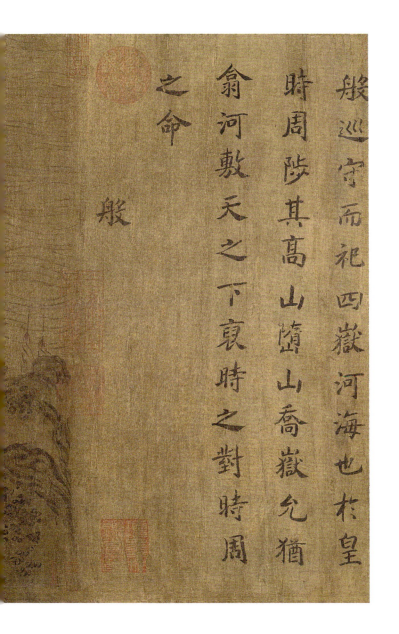

3.12 闵予小子之什图卷

　　宋马和之绘，绢本，长卷，设色，纵27.7厘米，横713厘米，藏故宫博物院。全卷十一图，绘《诗经·周颂·闵予小子之什》十一章诗意，每图之前书录《毛诗序》诗解及原诗，旧传南宋高宗赵构书。本节录《般》诗图，诗为"巡守而祀四岳河海"之作，记武王伐纣成功后告庙及巡守、封禅、祭祀山川之事。图绘武王"陟其高山，嶞山乔岳，允犹翕河"，巡守、祭告黄河及各河。

3.13马和之豳风七月图卷

宋马和之绘，纸本，长卷，水墨，纵28.8厘米，横436.2厘米，藏美国弗利尔美术馆。全卷八图，绘《诗经·豳风·七月》诗意，各图之前书录原诗数句，传为南宋高宗赵构所书。然配文多有脱缺、乱序之处。诗图描绘西周初年河、渭一带农业生产及先民日常生活情形。

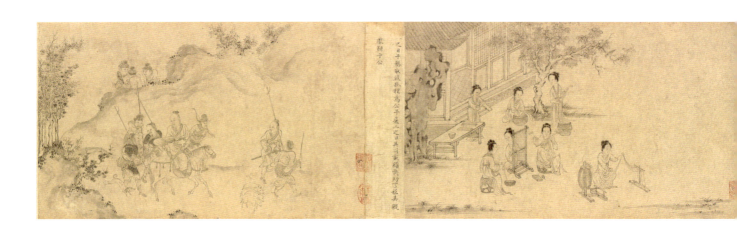

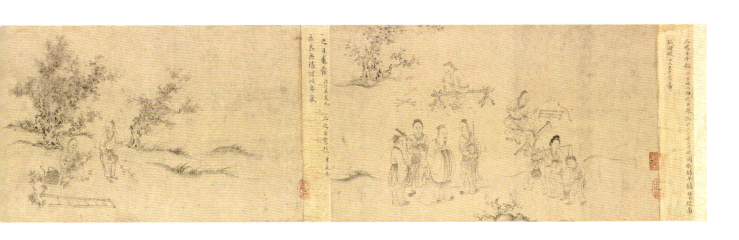

卷三 | 关河古事　299

3.14 马远豳风七月图卷

　　传为宋马远绘，绢本，长卷，设色，纵22.5厘米，横687.2厘米，藏美国克利夫兰艺术博物馆。全卷十七图，各选生活场景描绘《诗经·豳风·七月》诗意，各图右上角书录相应内容的原诗及注释，十七段合为全诗，传为南宋高宗赵构所书。诗图展示了当时河、渭一带的社会风貌、农耕劳作、纺线织机、田园风光、徭役战争等内容。

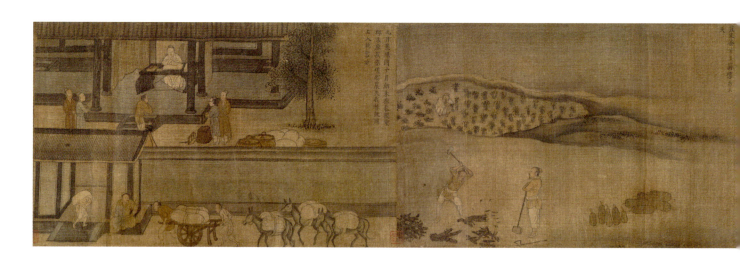

3.15 临马和之陈风图册

　　明末清初萧云从绘，绢本，册页，浅设色，开纵27厘米、横46.5厘米，藏台北故宫博物院。全册十开十图，绘《诗经·国风·陈风》十章诗意。各图均依循马和之绘图、赵构书题《毛诗序》的图卷原本进行构图，并追随马和之笔法，几近马和之原本风格。各图未录诗，于图角随处篆书诗题。本节录《衡门》诗图一开，诗句"岂其食鱼，必河之鲂？岂其取妻，必齐之姜？岂其食鱼，必河之鲤？岂其取妻，必宋之子？"意指黄河的鲂鱼、鲤鱼，都是鱼中之味美者。

3.16 晋文公复国图卷

宋李唐绘，图六段，段尾题录《左传》相关内容，传为宋高宗赵构书。绢本，水墨，淡设色。长卷纵30.2厘米、横1242.2厘米，画芯纵29.4厘米、横828厘米，藏美国大都会艺术博物馆。

图绘晋公子重耳因骊姬之乱出奔十九年，辗转列国，最终返国即位为晋文公的故事。本节录后三段图，所绘均与黄河相关。图一绘重耳在秦，赋《沔水》诗，夸赞秦伯"沔彼流水，朝宗于海"。秦伯赋《六月》诗，"王于出征，以佐天子"；"共武之服，以定王国"。重耳随臣赵衰借诗意以天子命挟秦伯支持重耳。图二绘公子重耳与秦兵至黄河，狐偃恐罪，以璧授公子，公子投其璧于河，发誓与其同心。图三绘重耳与秦兵渡过黄河，复有秦公子絷斡旋，最终入于晋师，入于曲沃，朝于武宫。

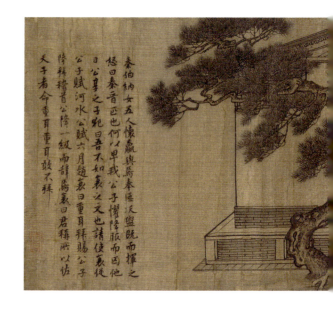

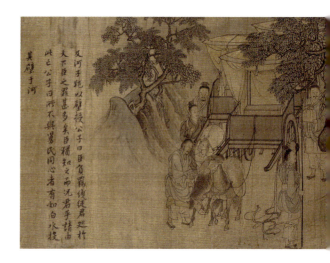

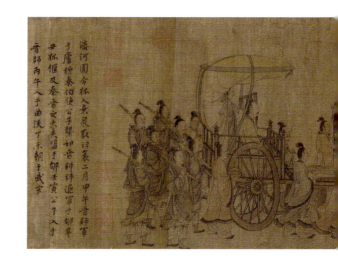

3.17 老子授经图

传元盛懋绘，纸本，墨笔白描画法，纵24.8厘米，横117.7厘米。卷后附元元统三年（1335）吴叡书《道德经》。藏故宫博物院。

图绘老子向尹喜传授《道德经》故事。事见《庄子》《吕氏春秋》《史记》等载：老子西游，遇函谷关尹喜，应其请著道德五千言以授，喜从之而去。由此演化的老子八十一化、老子出关、老子化胡、尹喜受经等主题，为历代文人画常见故事题材。

卷三 | 关河古事　　317

3.18孔子圣迹图

明成化、弘治年间绘本，不注绘者及绘制年代。全册包括图36幅，绢本，设色，画芯尺寸基本一致，纵33厘米，横57至62厘米，藏孔子博物馆。

图绘内容取材《史记》《孔子家语》《论语》《孟子》等书所记，以事绘图，以图配文，图文并茂，反映孔子一生重要行迹，分别为尼山致祷、麒麟玉书、二龙五老、钧天降圣、俎豆礼容、职司委吏、命名荣贶、职司乘田、问礼老聃、在齐闻韶、晏婴沮封、退修诗书、夹谷会齐、归田谢过、诛少正卯、因膰去鲁、女乐文马、匡人解围、丑次同车、宋人伐木、楛矢贯隼、适卫击磬、学琴师襄、灵公问阵、临河而返、在陈绝粮、子路问津、子西沮封、作歌丘陵、删述六经、跪受赤虹、西狩获麟、梦奠两楹、治任别归、汉高祀鲁三十五事。本节选录其中十图，为孔子周游列国行经黄河及近旁事迹。

孔子其恩南宫敬叔遮时问礼於
老子来平卽卒手贤為剄杜下
史故如礼卽文所以问之
赞曰
維周杜火
習知礼文
乃柱聖賢
以窝聖聞
德此重尊
好明好客
取人而高
異世同徹

3.18-1 问礼老聃图

此图绘记孔子与南宫敬叔至周都洛阳问礼于老子事。老子曾为周柱下史，故知礼节文，所以孔子问之。

3.18-2匡人解围图

此图绘记匡人误认孔子为旧仇阳虎而拘之五日事。匡在今河南长垣境。孔子从者
为卫大夫宁武子臣，消弭误会得脱。

3.18-3丑次同车图（一）

　　此图绘记孔子不满卫灵公以其为次乘事。孔子由蒲返卫，卫灵公与夫人同车，使孔子为次乘过市。

3.18-4 丑次同车图（二）

此图绘记孔子愤而去卫事。孔子曰，"吾未见好德如好色者也"，讽卫灵公好色
而不好德。

3.18-5 宋人伐木图

此图绘记宋司马桓魋欲杀孔子事。孔子过宋，与弟子习礼大树下，桓魋使人拔其
树。弟子劝去，孔子曰，天生德于予，桓魋其如予何。

其贯隼
诸贯故府
本曰周武
聖曰延战
新聖其明
楛矢石努
毒于陈庭
聚于陈庭
君朝考详
曰

之
楛矢石努求诸府果得
之商今陈八霸慎代之矢
此虏慎氏之矢先王
有恣陈闰公问孔子斜曰
元楛天贯之石努矢集凡
家集台有且集於庭厦而
孔子尝至陈止司城贞子

3.18-6 楛矢贯隼图

此图绘记孔子博古辨物事。有矢贯隼，落于陈国内廷。孔子认其为肃慎氏之石弩
楛矢，为武王克商时分赐于陈。陈湣公试求府库，果得之。

孔子过蒲遂偕冉子至卫以击磬有
荷蒉而过其门曰有心哉击磬乎
既而曰鄙哉硜硜乎莫已知也
斯已而已矣深则厉浅则揭孔
子曰果哉末之难矣

詩曰
瓠瓜定止 不忘斯世
歎牵大行 其行欲去
荷蒉而歌 息明其观
大圣之行 此足程为

3.18-7 适卫击磬图

此图绘记孔子过蒲适卫击磬抒怀事。有荷蒉者过其门，闻孔子击磬，劝其无知己
则独善其身。

孔子又于卫灵公问兵。陈此未之学未之也则曰训孔子语云孟子仰视之亡不在孔子遂行倪因睹同秦定公三军孔子朱见门子年六十矣灵公曰随征衡窗颜充虚车轮圣语曰视兵敢让於中莫略於是巴所蒙天或不可用

3.18-8 灵公问阵图

此图绘记卫灵公问兵于孔子事。孔子习礼知义，不讲论军旅之事。灵公不悦。孔
子再语，灵公仰观飞雁。孔子遂行。

3.18-9 西河返驾图

图绘孔子临河而返、西不入晋事。孔子欲渡黄河至晋，闻赵简子杀贤大夫窦鸣犊、舜华，于是临河而叹，君子讳伤其类。不济而返。

3.18-10 在陈绝粮图

此图绘记陈、蔡二国困阻孔子事。陈、蔡大夫惧怕楚国重用孔子于其不利，发兵困孔子于野，从者至绝粮而不能站立。后得楚国兴兵营救解困。

楚使人聘孔子孔子將往拜
蔡大夫謀曰孔子用於楚則
陳蔡危矣於是相與發徒役
孔子於野不得行絕糧從者
病莫能興孔子講誦絃歌不
衰於是使子貢至楚昭王興
師迎孔子然後得免

夢曰
榑樾聖通
丁此屋屯
既晨於徨
後厄於宋
君子固窮
載絃載歌
不慍不驚

3.19 离骚图册

　　《楚辞》九篇分章摘句全图绘本，明末萧云从原绘，清乾隆四十七年（1782）门应兆摹绘补图。纸本册页，墨写，幅纵22.1厘米、横14.8厘米，藏台北故宫博物院。

　　该图册原本为明末萧云从仿北宋李公麟九歌图意而分章摘句续为《楚辞》全图。至乾隆时，萧云从绘本仅存64幅图，"其余或原本未画，或旧有今阙"。乾隆帝遂令南书房翰林逐一考订，门应兆仿李公麟笔意增图补绘。全册计155幅图，摹绘萧云从原本屈原《九歌》9幅、《天问》54幅、《卜居》1幅，补绘屈原《离骚》32幅、《九章》9幅、《远游》5幅、《招魂》13幅、《大招》7幅及宋玉《九辩》9幅。另"如荪、荃、兰、蕙，以喻君子，寄意遥深。云从本未为图，自应一并绘入，以彰称物芳"，增绘《楚辞》所喻香草16幅。本节选录绘记黄河相关故事图7幅。

3.19-1河伯图

《九歌》篇图。绘记黄河河神驾两龙巡游九河故事。

3.19-2鸱龟曳衔图

《天问》篇图。绘记鸱龟曳衔助鲧治水及鲧刑于羽山故事。

3.19-3 应龙何画图

《天问》篇图。绘记应龙以尾画地、帮助伯禹疏通江河、导水入海故事。

3.19-4 康回冯怒图

《天问》篇图。绘记共工怒触不周之山、地倾东南、东流归海故事，以及昆仑悬圃、增城九重等事。

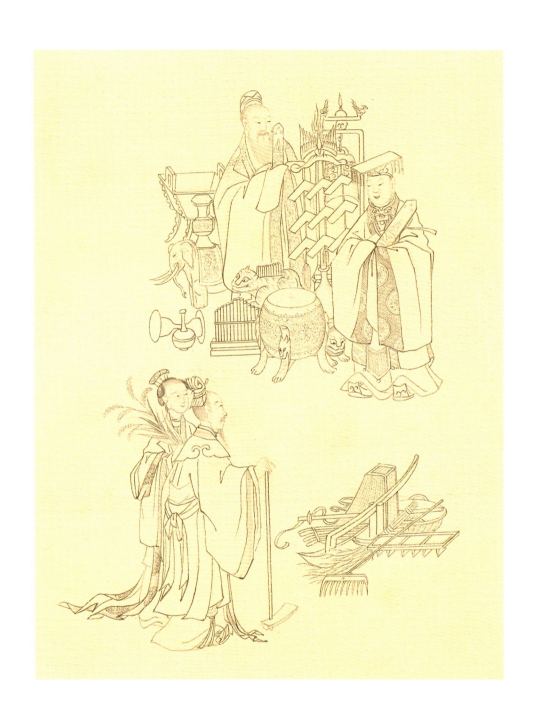

3.19-5 禹力献功图

《天问》篇图。绘记伯禹治水成功、娶涂山氏之女、其子启代伯益为夏后等故事。

3.19-6 羿射河伯图

《天问》篇图。绘记后羿射杀河伯、夺其雒嫔为妻故事。

3.19-7 争遣伐器图

《天问》篇图。绘记武王伐纣、诸侯孟津会师故事。武王渡河中流，白鱼跃入舟中，武王俯取以祭。

3.20明妃出塞图

元明间人绘,绢本,立轴,设色,青
绿、描金、泥金,纵92.8厘米,横43.1
厘米,藏台北故宫博物院。

图绘王昭君被赐亲匈奴故事。西汉
竟宁元年(公元前33),元帝以宫人王嫱
赐呼韩邪单于为阏氏。昭君入匈奴,生二
子。呼韩邪死,昭君领汉成帝敕依俗为后
单于阏氏。晋代避司马昭讳,改称昭君为
"明君""明妃"。自葛洪《西京杂记》始,
其事逐渐演化出画工弃市、匈强汉弱、平
沙落雁、马上琵琶、作《怨词》等情节特
征,成为昭君出塞故事的主流。此图意象
亦大致如此。但与史实颇多不符。昭君墓
称"青冢",在黄河前套。

3.21 弘农渡虎图

明朱端绘，纸本，立轴，设色，纵174厘米，横113.3厘米，藏故宫博物院。

图绘东汉刘昆德政故事。刘昆为西汉梁孝王后裔，知礼厚德。光武帝时为江陵令，当时县境内连年火灾，刘昆辄向火叩头，多能降雨止风。后刘昆为弘农太守，其地崤、黾驿道多虎灾，行旅不通。刘昆为政三年，仁化大行，猛虎亦不忍为祸，背负幼崽北渡黄河，离开弘农郡境。光武帝诏问刘昆：前在江陵，反风灭火，后守弘农，虎北渡河，行何德政而致是事？刘昆答之以偶然。光武帝感叹其为长者。

3.22 大河冰合图

　　图为南宋萧照绘中兴祯应图卷6段本之第2段图。全图绢本，长卷，设色，纵31厘米，横1148厘米。该图卷传世仿本较多，全本为12段，绘记曹勋所编康王赵构缵承上天灵应的好谶瑞验故事。此图绘记靖康元年十二月十五（1127年1月29日），康

王赵构履冰渡河的故事。图中黄河中亘，岸堆残冰。赵构与众人反身顾河，河中一马嘶陷，岸边一人奋力提缰。另有传本绘有对岸追兵一众踟蹰于堤，其中二人已追至河中残冰之上，但前路已无冰可履。图首题曹勋赞词序："上自磁州北回，时穷冬沍寒。经李固渡过大河，上令扈从马先过，独殿其后，惟高公海一骑从行。上才及岸，冰作大声坼裂，回视公海马已陷冰中，（公）海惟持马笼头得免。"

3.23 左良玉出师图卷（局部）

明周鼎绘于崇祯十年（1637）夏，绢本，设色，纵40厘米，横622.5厘米。

图绘明崇祯八年至九年间（1635—1636）明军于河南追剿民军的战争场面。其间各路民军往来纵横于陕西、湖北、山西、安徽等地，卢象升、祖宽、朱大典等多路明军在河南居中堵截，屡屡败绩，汤九州等明将战死。左良玉率部所向披靡，在阌乡、淅川击溃斩杀民军无数。图中所绘为左良玉部转战开封一带渡河场景，开封城内甘露寺铁塔明显可见，远处黄河上往来船只帆樯如林。

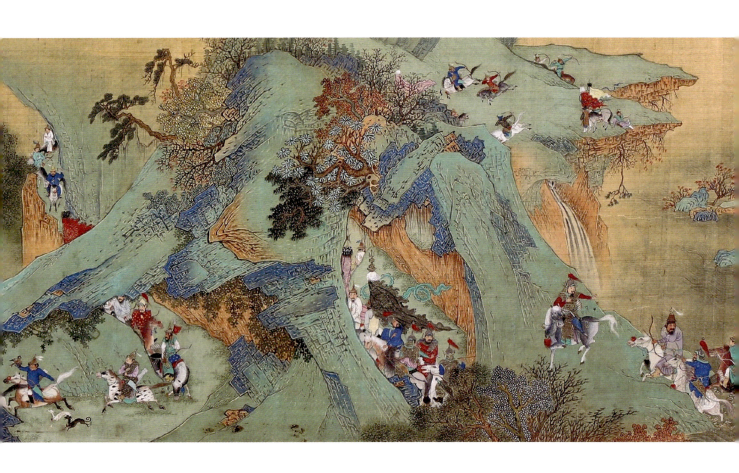

卷四

会挽狂澜

万夫卷土障横流
负土成山水未收

　　本卷收录描绘黄河水患、黄河治理及黄河水利、漕运等内容的绘画及工图，共13组76幅，大致以所反映的内容和绘画时间为序排列。绘画内容上迄大禹治水，下至清代筑堤保运和晚期山东黄河归海，绘制形式有长卷、立轴、册页、插图、刻石，材质为绢本、纸本、石，绘制技法有水墨、青绿、浅绛、描金、白描、刻石等，绘制年代为汉代至清代。

4.1 大禹治水画像石

　　东汉画像石，出于山东嘉祥武梁祠西壁，东汉元嘉元年（151）立石。本节录宋拓本图。全石画像四层，最上层为古帝王十像，左二为大禹。像中大禹头戴斗笠，身着蓑衣，右手执耜，左手前挥，顾望如呼。像侧榜题："夏禹长于地理，脉泉知阴，随时设防，退为肉刑。"为改录纬书《尚书刑德放》文，"禹长于地理，水泉九州，得括地象图，故尧以为司空"，赞扬夏禹治水的功绩和能力。武梁祠另有屋顶"祥瑞石二"画像石，其榜题云："玄圭，水泉流通，四海会同则至。"指《禹贡》记大禹治水事迹，"九州攸同"，"四海会同"，"禹锡玄圭，告厥成功"，天帝赐禹玄圭，以嘉其功。武梁祠大禹像，是我国现存最早的大禹形象和大禹治水事迹图。

4.2 大禹治水图

　　唐人绘大禹治水图，绢本，立轴，设色，纵159.5厘米，横88.4厘米，藏台北故宫博物院。图绘尧舜之时，洪水横流，禹疏九河，使排注于江海，而天下平。历代画家以禹治水事迹入图，见载最早的有晋顾恺之夏禹治水图，其后有隋展子虔禹治水图、五代朱简章禹治水图、宋赵伯驹大禹治水图。此图无作者姓名印识，旧题"唐人大禹治水图"，乾隆皇帝疑为五代南唐周文矩所绘，为存世最早的大禹治水主题绘画。

4·3 玄圭告锡图

　　此图为明仇英绘帝王道统万年图册之第7幅。全册22开，册纵
32.5厘米、横32.6厘米，绢本，设色，青绿描金，藏台北故宫博物
院。全册20幅图，绘伏羲至宋仁宗等帝王事迹，每图后有顾可学题
赞，应是顾可学请托购绘于仇英。此图绘大禹治水事迹。顾可学题
赞曰：玄圭告锡，声教旁行，八年于外，永赖平成。禹敷土，随山
刊木，奠高山大川。九州攸同，四隩既宅，九山刊旅，九川涤源，
九泽既陂，四海会同。东渐于海，西被于流沙。朔南暨，声教讫于
四海。禹锡玄圭，告厥成功。

4.4 與驾观汴涨图

　　此图为北宋皇祐初年高克明作三朝训鉴图相关传本景德四图之第三图。全图绢本，长卷，设色，纵33.1厘米，横252.6厘米，藏台北故宫博物院。图绘北宋景德三年（1006）六月，宋真宗亲巡汴河河堤修整。是时，汴水暴涨，京城东去窑务四五十步，水不溢岸者五寸，至一寸。西染院溢坏庐舍，赖外堤防遏。遂令并工修补，增起堤岸，凡检计似此怯弱处，倍加工料。翌日，乘步辇幸西水门观汴水，问工作兵士，赐钱人一千。并令官船渡行人，溺者瘗之。

4·5 黄河筑堤图册

清初期绘本，纸本，设色，12开10幅图，开纵22厘米、横30.5厘米。图绘黄河决口堵治施工各环节工作情形，依次约为设立料厂、挑挖引河、采备河料、捆扎埽料、埽料上堤、拉船进占、打张成占、金门合龙等。

4.5-1

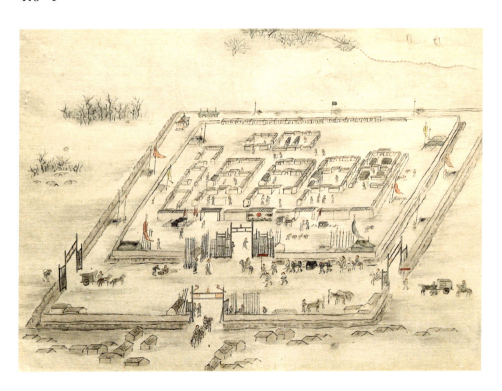

4.5-2

4.5-3

4.5-4

4.5-5

4.5-6

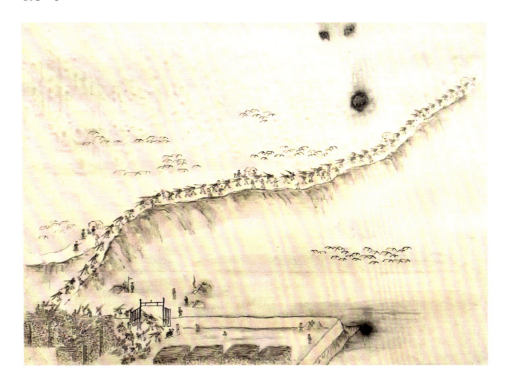

4.5-7

4.5-8

4.5-9

4.6康熙南巡图第四卷省视黄河

清王翚、杨晋等始绘于康熙三十年（1691），绢本，设色，长卷，纵68.2厘米，横1562厘米，藏法国巴黎吉美博物馆。全图起于山东郯城红花铺，止于江苏淮安高家堰以南，描绘康熙皇帝于二十八年（1689）第二次南巡时在江南省境视察黄河水灾及黄淮河工情形。康熙皇帝于正月二十三日从山东郯城红花铺驻跸出发，进入江南省境，山东官员伫立恭送，江南省官员迎驾人众随驾，一路蜿蜒浩荡，迂道至邳州。邳州地处洼下，南邻黄河，中界运河，又为山东众河出口归宿之地，历年水患冲淹，田庐漂没，

丁口流离。康熙二十四年，巨浪滔天，几无干土，州城也被迫迁离原址。康熙骑白马，"躬问水荒，蠲租赐复"。又过宿迁县境，省视黄河情势及修防情形，查问安排黄河水患防治。又乘船渡河至高家堰，查看束淮敌黄保运工程。遥见黄、淮河交汇之处，淮清河黄，两相激荡，奔腾汹涌，浪花四溅，气势洪壮。

康熙南巡图共12卷，每卷横长1555厘米至2612.5厘米不等，为王翚及其弟子杨晋集宫廷内外众多名家高手之力，于康熙三十年（1691）开始，历时三年绘制而成。全图表现康熙二十八年（1689）第二次南巡，自京师出发至浙东绍兴大禹陵沿途历经的主要山川胜景和活动，以及从南方回京沿途的情形。

4.7乾隆南巡图第四卷阅视黄淮河工

　　清徐扬绘，绢本，设色，长卷，纵68.8厘米，横1096.17厘米，藏美国大都会艺术博物馆。全图起于清河县境中运河口附近，止于洪泽湖高家堰尾，描绘清乾隆十六年（1751）乾隆皇帝第一次南巡时，在清口东坝之上，视察黄河、淮河、运河、洪泽湖四大水系汇合处险要工程的场景。乾隆皇帝站立之处为束清东坝头康熙御诗亭，旁为风神庙、关帝庙；对岸为西坝头河神庙。眼前清水急刷而下，黄淮交汇，水色分明，浪涛激

涌。黄河上船帆林立，往来不绝，为中运河口与清口之间漕运。身后为里运河口，可见埽堤周折，为防止黄水倒灌运道所设。再远为高家堰，为洪泽湖拦水设施。洪泽湖上，渔帆迤逦，波光潋滟，自与口外黄河波涛激荡不同。

乾隆南巡图共12卷，各卷横长不一，总长154.17米，为宫廷画师徐扬所绘。全图取清乾隆十六年（1751）第一次南巡御制诗十二首诗意，描绘从北京出发，过德州、过运河、渡黄河、沿运河南下过长江以至浙东绍兴，从绍兴回銮，沿途所历山川形胜、街市民情及省方问俗、察吏安民、视察河工、检阅师旅、祭祀禹庙等活动。

御製素咮澄清畫卷

4.8 乾隆南巡驻跸图

清钱维城绘于乾隆三十年至三十七年（1765—1772）间。绢本，设色，册页装，23开图，各具题图，幅纵25.5厘米、横33厘米，藏英国国家图书馆。全册图绘乾隆三十年（1765）第四次南巡驻跸23处行宫坐落，均位于大运河沿线与宿迁之间。本节选录黄河相关行宫坐落图7幅，分别为：惠济祠，在黄淮交汇之处天妃坝大堤旁；陈家庄行宫，在桃源县黄河、中运河遥堤之旁；桂家庄行宫，在清河县黄河、中运河遥堤之旁；林家庄行宫，在桃源县黄河、中运河遥堤之旁；顺河集行宫，在宿迁县黄河、中运河遥堤之旁；河神庙，在清口以西拦黄坝；龙泉庄行宫，在宿迁县黄河、中运河遥堤之旁。

4.8-1 惠济祠

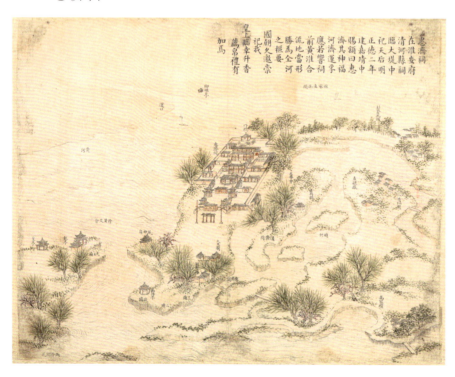

4.8-2陈家庄行宫

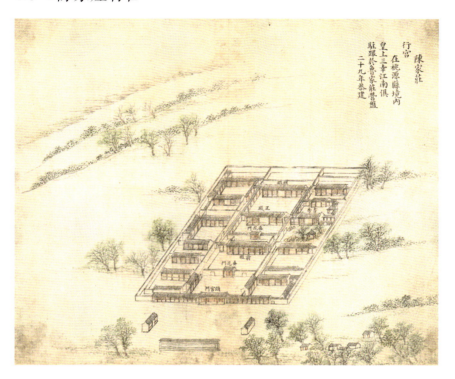

4.8-3桂家庄行宫

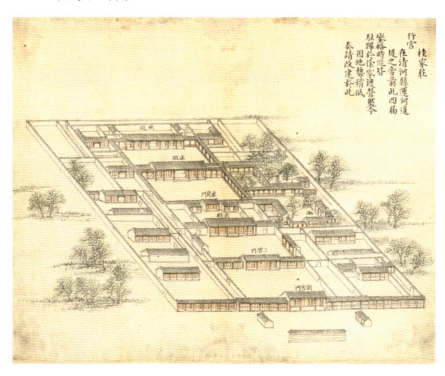

4.8-4 林家庄行宫

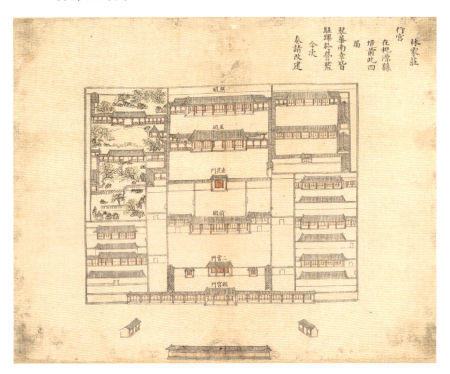

4.8-5 顺河集行宫

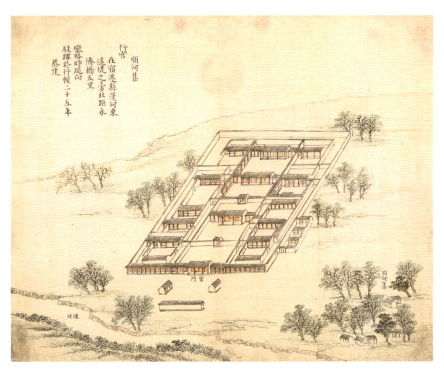

4.8-6 河神庙坐落

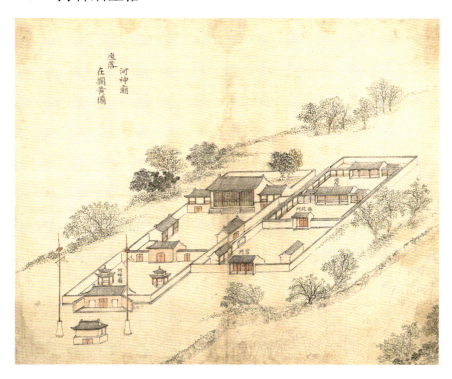

4.8-7 龙泉庄行宫

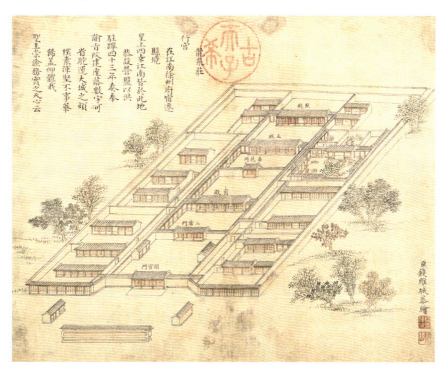

4·9黄河督运图

清康熙间绘，不注绘者。绢本，设色，纵100厘米，横670厘米。图绘康熙二十六年（1687）靳辅开通中运河之前，徐州至淮安间黄河行漕的情形。图中商、民、官、渔各船往来河上，纤夫役卒挽船于道，官署、店肆、农舍、郊园列布河岸，挑担者、贩卖者、赶脚者、锄田者，各色人等熙熙攘攘，络绎不绝。画面正中"总督漕运部院"两面大旗迎风招展，漕运总督端坐于中，僚属、执事各官分列于前。清代漕运总督驻淮安清江浦，此图所绘应为外出视事临时驻节。

4.10 九曲恬波图

　　此图为清戴衢亨岁朝衍万图册第9幅图，绘制于清嘉庆十年（1805）。全册14开

14幅图，纸本，设色，开纵13.5厘米、横32.7厘米，藏台北故宫博物院。

　　画册内容为岁朝时景，以预兆岁朝蕃衍孳息之瑞。图题各以数序为首，分别为：

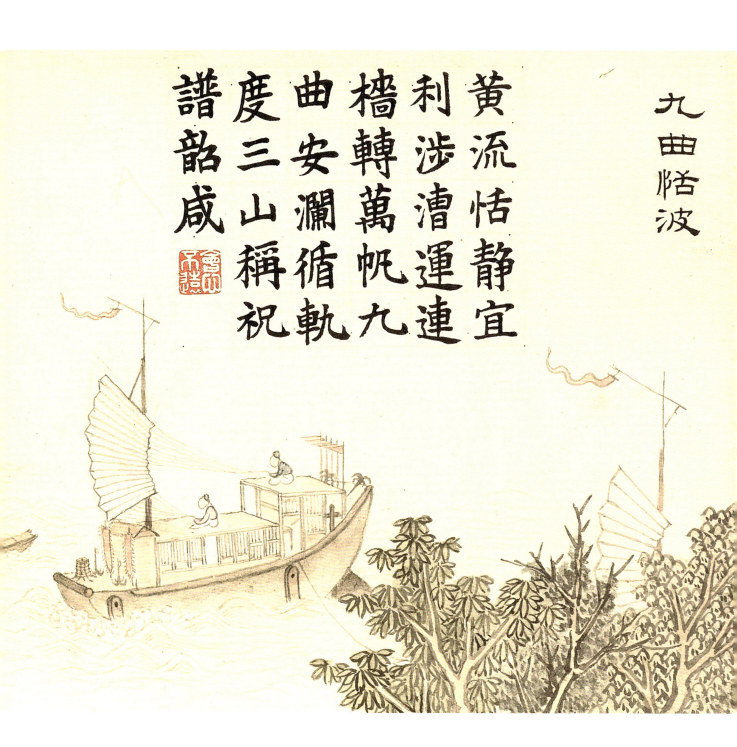

九曲恬波

譜度曲檣利黄
韶三安轉涉流
咸山瀾萬漕恬
　稱循帆運靜
　祝軌九連宜

一枝春早、二麦培霙、三阳肇泰、四野农祥、五凤晴云、六街喜爆、七种蔬香、八风启淑、九曲恬波、十洲韶庆、百卉含滋、千条绿意、万家烟雨、亿兆同熙。各幅均有清仁宗颙琰（嘉庆帝）题诗。本图题"九曲恬波"，题诗：黄流恬静宜利涉，漕运连檣转万帆。九曲安澜循轨度，三山称祝谱韶咸。为预祝黄河安澜之意。

4.11 亿春书瑞图册

清嘉庆十三年（1808）刘权之绘。全册10纵开10幅图，纸本，设色，册纵12.8厘米、横16.8厘米，藏台北故宫博物院。

画册内容为岁朝祈福，预兆国运强盛、民生安乐之瑞。各图以万字为题，分别为：

4.11-1 万派安澜

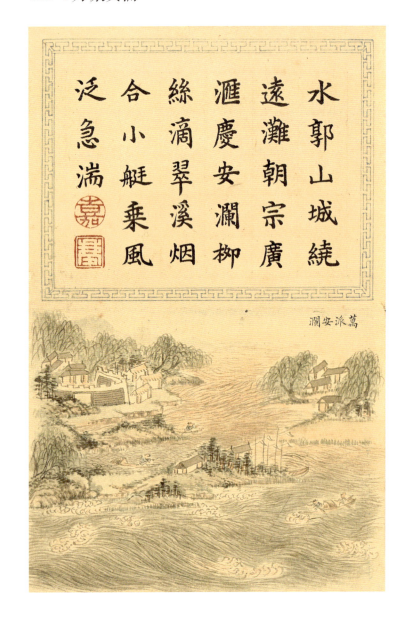

万户春声、万畦甘雨、万家弦诵、万派安澜、万驿橐弓、万艘通漕、万马蕃庶、万鹿秋肥、万井丰登、万邦献书。各图前并附有嘉庆帝题诗。本节选录两图与黄河相关，分别为：万派安澜图，题诗"水郭山城绕远滩，朝宗广汇庆安澜。柳丝滴翠溪烟合，小艇乘风泛急湍"，有祷祝黄河安澜之意；万艘通漕图，题诗"千帆转运自东南，奠定河淮惠泽覃。愿息巨波咸利涉，安澜连报汛期三"，为预祝黄淮三汛安澜、漕运无虞之意。

4.11-2 万艘通漕

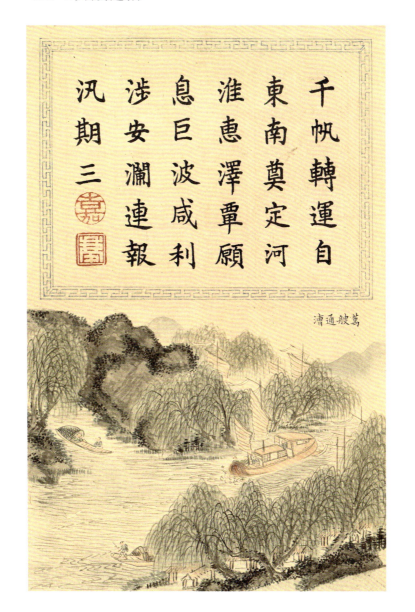

4.12《鸿雪因缘图记》插图

  《凝香室鸿雪因缘图记》，清麟庆撰著，汪春泉等绘图。全书3集、6卷、240篇、240幅图，一事一图，一图一记，记述麟庆平生亲历见闻。麟庆一生宦游南北，性好山水，宦辙所至，不废登临，并随时采访风俗，以广见闻。凡所阅历，每事必制一记，每记即绘一图，所记所绘内容时间跨度从年幼时开始直至终生。该书以图文相辅相成的形式，实录其所至所闻的各地山川、古迹、风土、政务等，翔实广泛地反映了道光年间的社会风貌。

  麟庆（1791—1846），完颜氏，隶满洲镶黄旗，清后期治河名臣，曾任职河南开归陈许道、河南按察使，均兼理河道水利事务，其间搜集商周以来历代水工资料，"博观约取，周历工所，互证参稽"，探寻历史上的修河治水经验，并多次亲自督率官民抗洪抢险。后官至江南河道总督，任职十年，专管河务，蓄清刷黄，筑坝建闸，慎勉从事，颇有建树，致南河无事。因其志趣所向、职任所关，《鸿雪因缘图记》中有大量篇幅涉及记绘黄河水利事务的内容。

浪激門禹

4.12-1禹门激浪

本图摹存江南上元张宝绘赠龙门激浪图，描绘黄河禹门一带胜景，峭壁参天，豁
然中辟，风雷激响，漱石分流，气象万千。张宝原画题诗："禹门双峙挟黄河，万里洪
涛数叠过。自古画师难到此，我来奇迹一搜罗。"麟庆收赠之后，"悬之素壁，直觉河声
山色，满室生寒"。是冬即转任外官，"历仕河干"，多年经营河务水利，因称张宝所
赠为"画谶"，预兆了其此后的半生河缘，所以特摹此画收入书中。

險 搶 南 上

4.12-2 上南抢险

本图描绘道光五年（1825）黄河上南厅核桃园抢险情形。是年一月，麟庆升授河南开归陈许兵备道，分巡开归陈许等处兼理河务水利。当年秋汛，所辖上南厅核桃园发生险情，麟庆立即驰往组织抢险，自八月十六至二十九，连续十三昼夜，亲自坐在危堤之上监督施工，直至险情平稳。当时吟有诗句："眼前都是倾危地，身外全成浩渺天。"可见当时险情极为危急。参与抢险的有兵备道司马张心阶、罗蔼亭、吴云巢。

泉詠門蘇

4.12-3 苏门咏泉

此图描绘河南卫辉府辉县百泉出为卫河的情形。道光七年（1827），麟庆授河南按察使，适值清军平定回部张格尔叛乱凯旋，班师途经黄河以北，麟庆亲往卫辉府一带照料大军通行。其间抽暇前往苏门山游览百泉胜地，亲见苏东坡所题涌金泉，出而济运，是为卫河。苏门山一带，多有早期的黄河故道和黄河支流，《柏舟》《淇澳》等众多诗篇流传千古，孙登、阮籍、苏轼等名士流连于此，是黄河流域重要的文化名山。

萬安謁墓

4.12-4 万安谒墓

此图描绘道光八年（1828）麟庆于洛阳万安山拜谒黄大王墓的情形，但见大雨初顿，须臾风来，松涛谡谡，云净天空，遥望大河前横，伊洛交注，九峰后拥，苍翠如沐。

"黄大王"是清代列入黄河祀典的三位河神之一，名黄守才，河南偃师人。相传其生而为神，七岁即乘凫飞上缑山，更有焚符消除沁河漫溢、祷祝解救杞县水患、卷一埽而堵塞决口等治河传奇故事。另外两位河神，一是"金龙四大王"，名谢绪，排行为四，南宋诸生，因殉国难，殁而为神；一是"朱大王"，名朱之锡，顺治间官至河道总督，鞠躬尽瘁，殁而为神。

遊證闕伊

4.12-5 伊阙证游

此图描绘道光八年（1828）麟庆于洛阳伊阙泛舟情形。麟庆在万安山拜谒河神时，遥望西北两山中阙如门，一水澄练，横贯其间，众人指为"伊阙"，俗称"龙门"。继而日影腾辉，金碧交映，则是河畔的龙门石窟、香山寺。翌日乘舟泛游，翠巘清流，别饶逸致。

伊阙，即今洛阳市区南约2公里处的龙门，两山对峙，伊水中流，如天然门阙，故曰伊阙。伊河蜿蜒于熊耳山南麓、伏牛山北麓，穿伊阙而入洛阳，东北至偃师注入洛河，与洛水汇合成伊洛河，是黄河中游的重要支流。

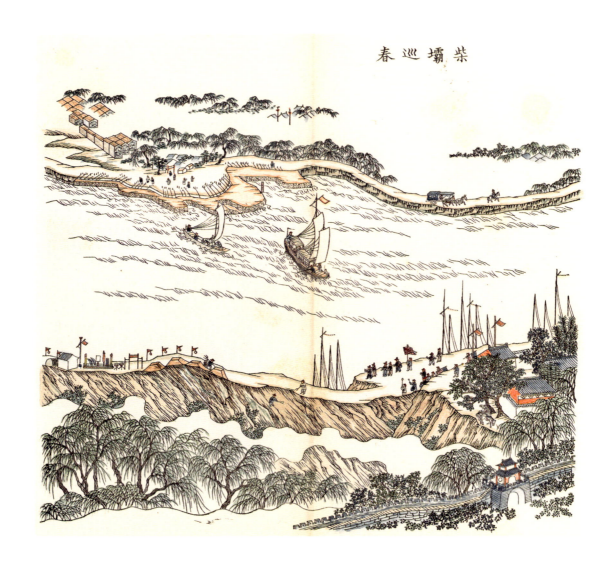

春巡壩柴

4.12-6 柴坝巡春

此图描绘麟庆在兰阳城北黄河柴坝巡察春季桃汛期间河防情形。柴坝在河南兰阳城北，黄河流经至此，河道紧束，水流迅疾，是开归陈许道所辖河段的顶冲险工。其余各工也因河系坡河，土多沙土，上提下坐，随溜变迁，桃汛、伏汛、秋汛、凌汛一年四季巡防任务綦重。麟庆在任五年，没有一汛不周历河干，详加巡查，尽职宣防。河道总督严烺奏称："麟庆才识兼优，经画周详，且鼓励有方，人争用命。一闻下北报险，立即拨发抉缆银钱，派员调兵协同抢护，尤属克顾全局。"

吹臺訪古

4.12-7 吹台访古

此图描绘麟庆在开封吹台考访古代治水有功者存祀情形。吹台在开封府宋门外三里，以春秋时著名乐师师旷在此奏乐得名。后建禹庙于上，正楼悬挂康熙所颁"功存河洛"匾额；殿右为水德祠，附祀秦汉以来治水有功者29人；殿左为三贤祠，附祀唐代高适、李白、杜甫。岁久渐就荒落。麟庆以母名捐资略加修葺，并于水德祠新增明清两朝治河有功者宋礼、袁应泰、朱之锡、靳辅、陈鹏年、嵇曾筠、雅尔图、胡宝瑔共8人入祀，新题楹联曰："自夏而来四千余岁，经多少沧桑变易，全资人力维持，配食当馨百世祀；由周以降二十九臣，溯后先水土焦劳，共助神功保障，精禋新奉八贤升。"对治河先贤极尽尊崇。

蘭館寫照

4.12-8 兰馆写照

此图描绘开归陈许道兰阳行馆情形。麟庆所任开归陈许道，辖黄河南岸八个治河厅，以兰阳厅为适中，因此在兰阳厅第十四堡设立兵备道行馆，每逢大汛，道台都要到行馆驻防，以便左右应急处理险情。麟庆初到，见行馆背河负堤，四无荫木，就安排人种植杨柳。越五年，绿影葳葳如云。因吟诗："防河心事等防秋，十日归来得少休。一室幽香兰气馥，半窗绿影柳丝柔。腹中俗满无书晒，面上尘多为镜羞。指点新图怀旧事，不须投笔觅封侯。"道尽河务辛劳。

遠眺塔鐵

4.12-9铁塔眺远

　　此图描绘麟庆亲登开封铁塔远眺黄河情形。铁色琉璃塔建于宋庆历间，位于清代河南省城开封东北隅贡院之后的甘露寺。甘露寺早建于晋天福年间，明末没于水，惟塔独存。道光十年（1830）九月末，麟庆为重修贡院，顺道过寺，见塔峙钟残、殿芜僧老，寻径至塔院，仰视十三层，层各一门，其十一层有树倒垂，蔚然苍古。燃炬入塔，振衣而上，至七层见城外平野，菜畦、谷垄相间，大堤横亘西北，宛宛相属。至九层，遥望黄河如带，近俯雁行进退离合，若相与，若相背，凝神其间，忘乎所以。至十二层，天为之宽，地为之辟，目力所及，直与青霄相接。

河觀伾大

4.12-10 大伾观河

　　此图描绘麟庆登大伾山遥看黄河故道情形。大伾山在浚县城东南，峭壁再成，巍
然冲举。《尚书·禹贡》记载疏导黄河，"东过洛汭，至于大伾"。金明昌以前，大伾山
为黄河转折点，南控黎阳津，为大河南北要冲。历代名人多有登临，俯大河，怀大禹。
山的东面有大佛岩，就山为像，高寻丈，北魏所凿，以镇黄河。道光七年（1827）冬，
麟庆送凯旋的士兵过境，顺路登大伾山，遥望禹迹所经，沙影茫茫，感叹："大河徙千
载，故道认微茫。匝地霜华重，漫天沙气黄。"

碑访臺宴

4.12-11 宴台访碑

  此图描绘麟庆在开封宴台河顺河庙寻访女真文碑情形。宴台河距河南按察使司七里，是宋代迎春游宴之地。麟庆于该处废弃的关王庙访得一通金代进士题名碑，阴面为女真文刻，阳面原为汉文同碑，明宣德二年（1427）修建顺河庙，将该碑正面金代进士题名汉文磨平，重刻为《新创顺河庙记》碑文。

4.12-12清晏受福

此图描绘麟庆在江南河道总督署清晏园受领道光皇帝御书"福"字斗方情形。清代河道总督原驻济宁,雍正间分设江南河道总督,才开始以原河道总督清江浦行馆为南河总督署。署西有张鹏翮、高斌所开水池、花园,乾隆南巡赴武家墩查看洪泽湖时路过此地,赐为河臣休沐之地,后以海清河晏之寓意,定名"清晏园"。麟庆于道光十三年(1833)九月二十八日到任署江南河道总督,公余住家即在清晏园。

誌定然天

4.12-13 天然定志

此图绘记麟庆勘核确定徐州天然闸放坝标准水志情形。天然闸在徐州府黄河南岸
王家山之西，因山为闸。康熙年间靳辅建闸，用以控制水势。其水由马厂湖、灵芝湖、
孟山湖入洪泽湖，以为助淮刷黄之用。天然闸放坝准则，历来以徐州府城北门水志为依
据。嘉道间河督黎世序力主减黄，定水志为一丈八尺；张芥航（张井）力主严守，定水
志为二丈七尺，争论不一。麟庆亲自沿山考察，见徐州两岸皆山，黄河至此收紧，北亢
南洼，且府城雉堞比黄河大堤低五尺，北门护堤顶冲黄河险工。由此可见靳辅在上游设
闸，实为保护徐州，而不止是宣泄涨水。由此确定天然闸得守且守、应放必放的启闭原
则，定水志二丈五尺为放坝准则。

美濟成平

4.12-14 平成济美

　　此图绘记麟庆在平成台一带考察黄河入海口治理情形。图名"济美"为其所题匾额，语出《左传》"世济其美，不陨其名"，寓意对前人治河功绩的尊崇。平成台在海安厅所属云梯关外，为麟庆叔高祖完颜伟任河道总督时所建。云梯关下为大通口，旧时淮黄在此入海。因黄河泥沙平积，入海口日淤日远。至嘉庆年间，两江总督百龄登台不见海，乃东去一百四十里建望海楼。至麟庆署南河总督时，登望海楼亦不见海。麟庆亲乘小舟到河口探查，并上奏道光皇帝，陈明"与水不争能"的治理主张，提出："海口无可疏治。河身底淤，非人力所能强刷。疏浚器具只可备运河挑挖之用。黄河工曰抢修，顾名思义，以速为主，平日储备料土以防为治。"

福起興碑

4.12-15 福兴起碑

　　此图描绘麟庆在运口福兴闸修整时发现乾隆时河督高斌治河碑情形。运口为洪泽湖水入运河门户。明代陈瑄始建天妃闸等五闸。潘季驯移运口于甘罗城南，另建天妃闸石闸。靳辅改运口至烂泥浅，修复天妃闸为惠济闸。乾隆时河道总督高斌在惠济闸下再建通济闸、福兴闸。麟庆组织修整福兴正闸时，在闸底发现高斌所建卧碑，其文曰："淮水清，湖水平，百世安澜庆有成，从此河防万福兴。"

清華品秋

4.12-16 清华品秋

　　此图绘记麟庆与友人在家中清华园议及道光十四年（1834）堵复中河漫堤情形。是年秋七月，中河水漫遥堤，麟庆严令中河厅组织抢修决口，但因为浇戗施工速度过慢，导致既堵复开。于是裁撤厅营主官，亲自上阵督办抢修，连续施工十日，决口再次堵闭合龙，漕运重新畅通无误。由于施工失误损失，麟庆上奏自请认罚，"得旨销军功加一级"。抢修施工中，河道官员徐祥因抢埽被水淹没而死，麟庆奏请予以抚恤。

堤 培 應 貞

4.12-17 贞应培堤

　　此图描绘麟庆在运河边贞应祠后培筑月堤以资拱卫情形。贞应祠即露筋祠，嘉庆
二十年（1815）运河回空在此冻阻，陶澍巡视南漕，祷冰灵应，因而改名贞应祠。道光
十四年（1834）麟庆总督南河经过贞应祠，见祠后地洼积潦，形兜囊水，命人捞取水中
沙土，筑成月堤，以资拱卫，并建三十六湖楼于祠左。翌年再过，俱已落成。登楼四顾，
东北绿荫亏蔽，河水靓深，筱岸柳堤，远近映带；南则饰垩涂丹，缀以绮树；西则柳摇
荷苗，翠色上浮。凭栏四望，水光映天，涵青蓄黛，帆影出没，一派漕运繁兴景象。

4.12-18 惠济呈鱼

　　此图绘麟庆在运口惠济祠验看旧时黄河口吞舟巨鱼鱼骨情形。惠济祠，原为铁鼓寺，在清河县黄运河口，处于行漕要地，帆樯林立，香火繁盛。道光十五年（1835）麟庆重修，得铁鼓于楼下，浑铁铸成，中图太极，扣之其声渊渊。又得铁钟，篆刻有明嘉靖权阉名姓。巡察黄河入海口时，河防汛兵抬来巨型鱼骨一根，已折去三分之一，仍长约一丈二尺，围圆五尺多。据传，早年在黄河入海两尖之间，有巨鱼吞舟为害。之后风潮大作，巨鱼搁浅海滩。汛兵用绳子测量，鱼身全长十八丈，高四丈有奇。渔户争持刀斧脔肉取油，六七日，才剔净一根肋骨，剩鱼又被风潮卷走。麟庆用柳船将这根巨鱼骨运至惠济祠，同铁鼓并置于大殿。

西園賞雪

4.12-19 西园赏雪

此图绘记道光十五年（1835）麟庆总督江南河道期间河务大事。是年夏六月，黄运并涨，奇险叠生，重漕阻渡，直至闰六月水势平稳，漕运河渡才得以恢复。七月，海啸为灾，黄河又大涨，险工地带及时组织抢护，幸保无虞。九月，麟庆守母丧期满除服，着实授江南河道总督。此时黄河已告安澜，河务稍暇，麟庆遂整修清晏园，园中一堂改题"澜恬风定"。

詠 聯 龍 雲

4.12-20 云龙联咏

此图绘记麟庆在徐州云龙山坐看黄河并与僚佐官员吟咏唱和情形。云龙山在徐州府城南，旧志记载山上常有云气蜿蜒如龙，故名。乾隆皇帝南巡时于山麓建行宫，山前砌石为台，建试衣亭。麟庆总督南河，于道光十四、十五年（1834、1835）间三度经过。道光十六年（1836）二月巡防桃汛，再次驻节徐州。当地河道官员武凌汉邀请麟庆偕僚佐同登云龙山，至放鹤亭席地列坐。麟庆眼见大河前横，群山拱伏，绿野延秀，豁目爽心，于是步和两江总督陶澍题壁诗韵，吟"旧疆遥指淮通汴""巡边即以奠黄流"等句，僚佐官员争和。

4.12-21 谦豫编图

　　此图绘记麟庆在南河总督署谦豫斋编绘《河工器具图说》一书。麟庆自道光五年
（1825）任职河道即开始研读治河图书，认为贾让《治河三策》、欧阳玄《至正河防
记》、潘季驯《河防一览》、靳辅《治河方略》、张鹏翮《治河全书》、张伯行《居济
一得》、徐端《安澜纪要》均为治水津梁，只是修防器具古无成书，于是周历工次之
时，见一器即绘一图，详问深考，积久成帙。及总督南河江湖运道工险事，所见器具更
多，又随时考证，前后九年累计记载河工器具289种。退食之暇，在督署谦豫斋陈列器
具，大到云梯、木龙，小到鼠弓、獾沓，以及天平架、地成障、翻泥车、清河龙等不
常用器具，均"按图以尚其象、立说以推其原"，分为宣防、疏浚、抢护、储备四个大
类，编成《河工器具图说》一书。

夢證光氾

4.12-22氾光证梦

    此图绘记麟庆在氾光湖一带抢堤拦黄等河务情形。氾光湖在宝应县，北连白马湖，南通氾社湖，西接洪泽湖，东达射阳湖，为明代漕行要道。因风涛险阻，另开越河济运，至麟庆任时，仍有涵洞通流。道光十六年（1836）冬十月，麟庆督放空运第三塘，遇飓风，拦清堰走漏，草闸塌陷。麟庆彻夜坐镇危堤，督促组织抢修二坝，一个昼夜即完工合龙，阻止了黄河水流。随后赶修拦坝，放漕船南下，不误回空期限。

4.12-23 湖心建坞

　　此图绘记麟庆在洪泽湖心设立救生船坞情形。洪泽湖本为汉富陵郡，唐为洪泽浦，宋始开渠连至淮河，渐成巨浸。等到黄河南侵，淮河壅注，洪泽湖滂湃于山阳、清河、盱眙、泗州之间，东岸为高家堰，南至天然坝，石工林立，绵延百二十里。水面汪洋，茫无港汊，一遇大风，怒涛山涌，除湖口武家墩、湖南蒋家坝旧设二坞之外，全无屯船避险之处。麟庆经过勘查，在湖心老子山修建救生船坞一座，做法是以东面沙路环接山根作为门户，上加碎石御水二丈；西面抛砌碎石坝一道以作坞门。在老子山高处设立天灯，为夜行航船提供指示。所需费用支用河库原有救生桩款项。

龜 山 問 井

4.12-24 龟山问井

此图描绘洪泽湖中纪念大禹治水等古迹情形。龟山在盱眙县东北洪泽湖中，上有
淮渎庙，载于祀典。《寰宇记》载，禹治水至桐柏，获淮、涡之神曰巫支祁，锁之龟山
之足，淮水乃安。《一统志》载，支祁井在龟山。道光十八年（1838）四月，麟庆渡湖登
龟山，奉悬御书"星渎昭灵"于淮渎庙。寻问支祁井的位置，有说在大殿拜石之下，有
说就是明代唐龙所立当门碑座，都没有依据。庙西有沉牛潭，命汛弁以水坠试水，深十
余丈不等。周历山麓，见有砖门三座、铁佛四尊沉浸湖中，是宋代金臂禅师所建无梁殿
故址，康熙十九年（1680）泗州城没，同沦于水，至其时已百有余年。

4.12-25 洪泽归帆

　　此图绘记麟庆在洪泽湖风浪中行船及议论蓄清治黄之策。麟庆渡洪泽湖向西,遇风涛震撼,遂移泊龟山,与训导陈景崧讲述治河理念:蓄清刷黄,这是治河通议。但如今黄河底已淤高,所以洪泽湖水在过去存高九尺,就能顺畅流出冲刷黄河;现在湖水二丈也不能敌黄河水。如果在洪泽湖强行蓄清,凤、泗一带先受其灾。等到洪泽湖蓄水到极限再放水,运河里容不下这么多水,势必需要开启高邮五坝,淮、扬一带又罹其患。所以麟庆主张孟子"排淮泗而注之江"的说法,只留湖水一丈四尺,足以济运行漕即可,其余早泄归江。

4.12-26 河口问寿

　　此图绘记麟庆督修运河口闸工及遇到漕船百岁老水手情形。道光十九年（1839）二月，协办大学士汤金钊、侍郎吴文镕奉旨查勘闸工，先调阅修闸旧卷。三月，麟庆陪同到清江浦福兴越闸、惠济正闸周历查勘，丈石探水；赴正在行漕的正、越二闸阅看重船提溜上行；赴洪泽湖束清坝察看运水来源。之后上奏称，查两闸情形，核与麟庆原奏及册载做法均属相符。福兴越闸前次间段补修，现系拆建，是以银数不同，道、厅等并无蒙混浮冒情弊。麟庆得旨，亲驻运河口往来巡视，督修闸工。其间，见到太仓后帮第十七号漕船老水手史浩然，年龄已132岁，有雍正七年（1729）开始当水手时的印册、嘉庆十二年（1807）江宁布政使李长森所颁百岁银牌。其自述山东汶上人，生于康熙四十七年（1708），平生修养是"饿了吃，困了睡，心不想事"。

河口問壽

4.12-27 皂河喜雨

此图绘记道光十九年（1839）三月突降大雨解决皂河水浅无法行运情形。皂河是康熙十九年（1680）靳辅所创开。在这之前是由泇河行运，从夏镇以达直河；后因直河淤塞，乃改董口；董口又淤塞，遂取道骆马湖以达窑湾。水太大时，淹没纤道，无法纤拉；水太小时，束薪不流。靳辅于是修浚古皂河，在水中筑堤，上接泇河，下至黄河。又考虑黄河水道太过逼仄，于是在黄河北缕堤、遥堤之间新开中河以达清口，避开风涛凶险的借黄行运水段，开漕运百世之利。只是运河用水，窑湾以下有骆马湖可用，以上则依靠山东微山湖调剂。惯例是，重运渡黄时，微山湖畅放三昼夜，以水平台庄闸红油记号为准。后来筹建了利运等七闸，上启下闭，互相灌输；又考虑来源涨满因素，建了流、潦、涧、尾、闾等五坝，以资减泄。道光十八年（1838）冬，河南山东河道以微山湖收水没有达到水志为由，要求江南河道自行筹集皂河行运用水，并要求重运抵达宿迁后再行宣济。翌年三月，重运首进渡黄，麟庆派副将秦攀莘押船至宿迁，会商放水。但泇河厅惜水如金，放水达不到水志。适逢天旱流枯，水浅胶舟，心惧栗栗，唯恐滞运获罪。半月有余，忽然各处大雨，皂河水涨五尺，漕船得以鱼贯而进，之后二三进漕船均连樯出境。

雨 喜 河 皂

市 湖 門 龍

4.12-28 龙门湖市

此图绘记洪泽湖龙门坝呈现"湖市蜃楼"异景及洪泽湖异涨、运口汛水漫闸背情形。龙门坝即高涧坝,临洪泽湖置铁牛,为张鹏翮所铸十六镇水犀之一。道光十九年(1839)秋七月,洪泽湖异涨,麟庆前往巡阅。将抵龙门坝,遥望湖波浩渺,山影微茫,忽见杰阁凌霄,飞甍炫日,重檐八柱,井藻分明。汛兵告为"湖市蜃楼"。方注目间,微风激雾,若有若无,随后冉冉消失,湖波自若,而楼阁化为乌有。至八月初三、四、五等日,西风大暴,达旦连宵,冲毁石工二千余丈,运口汛水漫闸背。麟庆亲自督修抢护,饬令开启林家西及高邮四坝以泄涨护堤。昭关一坝派游击卢永盛坚守。幸保安澜。

防　宣　信　智

4.12-29 智信宣防

　　此图绘记麟庆冒险考察洪泽湖高家堰智、信二坝宣泄条件情形。道光二十年
（1840）四月，麟庆出查春工，周历黄河两岸，并由运河至山东台庄闸验看水位红油记。
又由山安厅二塘下堤直至响水口，踏勘给事中汪报原条陈的改河道路。五月，督促重漕
出境，启放山旴坝河。这年安徽、河南阴雨连旬，立秋后湖水异涨，为七年来所仅见。
高家堰上智、信、礼三个坝全部启闸放水，只剩义字河由于上年跌塘，不敢贸然放水。
麟庆亲自乘单舸前往查勘，由智、信二坝之下冒险南渡，见奔流双驶自天上来，滚雪飞
花，俨然悬瀑，而湖水仍积涨不消，遂决定启放义河坝宣泄洪泽湖水位。又遇长江潮暴
涨顶阻，于是赶启高邮四坝，放水归海。所幸黄河未经并涨。但白露之后，黄河叠涨至
四丈三尺余，亦近年所无。直至寒露，黄河涨水始见消动。

蘇拜樓黃

4.12-30黄楼拜苏

此图绘记麟庆重修徐州黄楼追思苏东坡修防黄河水患旧事情形。宋熙宁十年（1077），黄河决于澶渊，水围徐州。苏轼时为知州，水未至时，使民具畚锸，畜土石，以为水备，故水至而民不恐。及水至城下，又以身帅之，与城存亡，故水至而民不溃。水退又请增筑城防，故水既去，而民益亲。又在城的东门筑楼，垩以黄土，取土能胜水之义。后苏辙、秦观等曾登黄楼，吊水之遗迹，作黄楼之赋。七百余年，黄楼屡坏屡修。道光二十年（1840）秋，麟庆旧幕黄定齐以其楼渐损缺、碑多剥蚀，请捐资重修，翌年二月告竣。麟庆河防公务至徐州，于黄楼邀客觞咏，坐看黄流浊浪，亦各尽欢。

操合营苇

4.12-31 苇营合操

　　此图绘记麟庆在海州苇荡营检阅河防营操练情形。苇荡营坐落海州安东、阜宁二县海滨滩地，左营在潮河两岸，右营在黄河南北，为康熙三十八年（1699）河督于成龙始建，设樵兵、马兵，意在筹备河防工料之余防护海疆。后废，雍正四年（1726）齐苏勒题请复设。道光时英夷内犯，苇荡两营地处海滨，麟庆饬令选兵团练，以备不虞。道光二十一年（1841）闰三月，麟庆巡防至海安厅所属龙王庙，登望海楼，访丝网滨捕鱼情形。苇营守备谈文贵、张如玉各率所练兵勇请阅。河标守备朱得志、把总陈柏龄各带水勇、火军齐集。张如玉又推荐卫滩团练女教师、山东人吴四娘，请麟庆面试，其双刀、短枪矫健无比，其子庄凤祥也善使流星锤，于是一并录用。

4.12-32 英勇请缨

此图绘记驻清江浦河防兵勇主动请缨赴浙江前线抗击英夷入侵情形。道光二十年（1840）英军入侵后，麟庆亦积极备战，饬令查获火炮可用私硝三万七千余斤；饬令各河防营选兵团练，各项军需从优捐给；遴选年龄在十六岁以下精干兵勇为一队，号为"英勇"。两江总督裕谦在浙江抗英殉难，尚书奕经奉命前往浙江继任督兵。奕经路过清江浦，欲调用河兵随行，英勇营壮士二十人踊跃报名，力请随营杀敌。其中，张蟾年仅十三岁，能用双刀、虎尾鞭，攻打宁波时，率先登上城头，后以军功授六品顶戴；沈万忠攻打宁波时阵亡，追授云骑尉；杨镇华、薛举以军功得蓝翎。

英勇

4.12-33 丰萧启埝

此图绘记麟庆在丰、萧一带挑挖河道竣工后开启上游界埝试放通水情形。江南河道所辖黄河上游门户为萧南厅、丰北厅，分别接界河南虞城、山东单县。道光二十一年（1841）夏六月，黄河在河南祥符上汛三十二堡决口，洪水入洪泽湖。麟庆飞饬所属次第启放山盱厅智、信二坝，义、礼二河，高邮四坝，并奏启顺清河吴城七堡、清口替河，拆展束清、御黄二坝，以减泄洪水涨势。幸得安澜，回空军船随即引导至顺清河南下。九月，王鼎奉旨到河南督工治决，命麟庆派员赴豫，随同林则徐缉口查灾，量长三百零三丈，并勘明下游五府二十三州县被灾。十一月初三日，麟庆派徐州道毓衡、游击卢永盛督工，挑挖江南黄河上游丰、萧二厅被淹河道，咨定腊月中旬完工放河。腊月十四，麟庆抵达江南上交河南黄河界，与东河派员陆延禧一起，启除施工拦河界埝，冒雪敲冰试放清水，流渐通顺。但是上游引河不畅，直至翌年正月，河水才入江南河境。不久又因祥符河工复开，陡落断流，引河受淤，于是重新挑挖河道，至二月八日再次完工。

豐蕭啟壩

鐘晚淮安

4.12-34 安淮晚钟

此图绘记麟庆打捞因蓄清治黄沉没于水的龟山寺铁钟情形。洪泽湖中龟山寺有铁
钟，声闻百里。宋米芾有诗云，"龟山高耸接云楼，撞月钟声吼铁牛"。康熙年间湖涨
寺没，铁钟亦沉于水。道光十八年（1838），麟庆重修龟山寺，寻出铁佛四尊、铁罗
汉二十尊，从湖中打捞出铁狮子一座，长八尺五寸；铁镬一口，周长二丈一尺，深三
尺；铁钟一口，口围一丈四尺，苔锈斑驳，古篆漫漶，定名"安淮钟"。道光二十二年
（1842）正月二十三夜，麟庆乘舟顺风渡湖抵龟山，弦月映水，滉漾微明，闻钟声清越，
彻湖百里。

古弔虎風

4.12-35 风虎吊古

　　此图绘记麟庆在桃源、徐州一带巡河时所见前代河工情形。道光二十二年（1842）
春二月，河南祥符堵口工程合龙，黄河重归故道。麟庆得报即前往江南河道上游巡察，
巡至桃南厅河段时，黄河水已到，水流急湍甚箭。这时节，天久不雨，麦色、柳烟半
为风沙所掩，巡行至睢南厅堤上，忽见桃花一株独厚得阳气水色。晚上抵达风虎山，俗
名峰泰山，山下有靳辅所建四座石闸，山腰有黎世序所凿二座石滚坝，均作减黄助清之
用，已经淤没，无法开启使用。翌日午进入徐州，宿于春及堂。越日，渡过黄河，到达
吕梁洪，遥见风虎山雄踞南岸，绵拐山横接东堤。这时宿雨初收，山翠若沐，河心又有
一山，状若巨鲤，掉尾扬鬐，询其名为鲤鱼山，可惜被采石人酷取剥肤。

4.12-36泛舟安内

　　此图绘记道光二十二年（1842）麟庆备战策应江淮扬运道抗英防务及剿诛内匪、平抑市价等情形。最初传闻英夷将进犯江北，许多绅商携眷迁徙至清江浦，土匪趁机抢掠。麟庆派人剿灭其巨魁陈三虎等20余人。清江浦迁入人多，粮食不足。高邮、宝应奸商遏籴，清江浦市侩居奇，粮价腾跃，几至斗米千钱。麟庆筹资派员分赴湖西、下河放价采买粮食，水陆并运，昼夜不停。在清江闸南北岸设局，照市价平粜，民赖以安。又设防堵总局，劝捐、制械、募兵、收买抬枪，调集兵勇，逐日操演火器，积极备战抗英。总兵官都勒丰阿、顺保奉旨带兵至清江浦听候调遣，麟庆命其先往扬州分驻守御。九月初一，英船退出江淮扬一带。

舟汛

4.12-37 中河移塘

　　此图绘记道光二十二年（1842）河决桃北厅崔镇汛漕运改由中河灌塘情形。中河在黄河北，靳辅所开，以通运道。道光七年（1827），因黄河高于清江，南岸改为灌塘济运，北岸仍循托清盖黄旧制，中河杨庄头坝、二坝、三坝则视来水强弱为启闭。道光二十二年（1842）七月十七日，桃北厅崔镇汛杨工上下漫溢。麟庆闻报驰往，见杨工上首挂淤，下首萧庄夺溜，水注六塘，河归海，漫口刷宽一百九十余丈，已然抢堵不及，遂指派巡捕官孙旅立即开始盘筑裹头。麟庆又驰回备防英军，同时紧急考察筹划漕船回空运道。采纳参将卢永盛、守备吴泰意见，在河西仿外北厅修筑托、盖等坝，在河东仿外南厅挑塘建闸。又采纳游击季承章、千总蔡觐贤意见，在旧河身内横筑拦河坝，逼湖水入中河。仍担心水少，筹划刷堤，放旧河积水以资接济。麟庆亲自督促施工，阅月工竣，漕船回空通行无误。

中河移塘

4.12-38 竹舫息影

此图绘记麟庆因南河桃北崔镇汛漫决被革职情形。竹雨舫在清江浦仓门口寓馆。道光二十二年（1842）十一月十三日，麟庆接准部文："初六日奉上谕，本年七月，南河桃北崔镇汛漫决，该河督麟庆未能先事豫防。本应照上年东河成案枷号治罪，姑念该河督赶办灌塘，回空无误，且夏秋间办理防堵事尚妥当，罪不掩功，麟庆著革职，加恩免其枷号发遣。"十九日，南河总督印信移交漕运总督周天爵兼署，麟庆搬离总督府，暂居司马陈秋霞家竹雨舫。

帆 留 浦 袁

4.12-39袁浦留帆

此图绘记麟庆离开清江浦士民送行情形。清江浦,一名袁浦,三国时袁术驻兵得名,濒临淮河、黄河,冲当水陆要道,虽无城郭,却是南北咽喉要地,且有运河环绕其西北隅。街口有楼,楼西高阜,旧时供奉北极,后建禹王台于其上。再往西有灵慈宫,俗称铁树。有二公祠,祀前明陈瑄、潘季驯;有四公祠,祀清朝靳辅、齐苏勒、嵇曾筠、高斌,都是有功德于民的河督。道光二十三年(1843)三月,麟庆按期离开清江浦,当地士绅民众请其绕道东过清江闸北出十里长街,官绅士子集赠诗文画《袁浦留帆》数卷。

4.12-40 微湖说泇

　　此图绘记微山湖输注泇河接济漕运用水情形。微山湖周一百八十余里，居滕、峄、徐、沛之中，为接济漕运的水柜。由于江南运道自皂河以上无水接济，山东境内自台庄至韩庄，中间设有八个运闸，地势坡度大，全都用东西两泇之水。但泇河水常弱，专仰微山湖水输注，漕运才能畅行。湖口有两个闸口，其金门各宽二丈有余，旧制收水以一丈为度，后添四尺，以时启闭闸门。另有滚坝长三十丈，当中砌筑十四个石垛，上搭浮梁，作为牵拉运船的纤道。这些设施都归东河河道泇河厅管辖。东泇河发源于费县箕山，西泇河发源于峄县抱犊山，东南流至三合村，与东泇河汇合，又南流至邳州入运河，谓之泇口。据考，明初运道是由清口入黄河，逆流上溯至徐州吕梁洪，然后由镇口入微山湖，涛汹石险。万历间，总河舒应龙挑挖中心沟打通彭湖水道，而泇口始开。其后，刘东星凿韩庄故道，开黄泥湾至宿迁董沟口，而泇河水脉始通。李化龙开李港以避险，凿郗山以展渠，设八闸以兴利，泇河行运才大兴。道光二十三年（1843）三月，麟庆随首帮漕船灌塘渡黄后，知道重运无虑，于是先行，于四月初一停泊万年闸，谒读前漕运总督杨锡绂碑，感叹当年言事者好以口舌持短长，导致开泇之议屡行屡止，所幸终得通运安流。论济宁以南运道治绩，莫隆于开泇河。

微 湖 兑

4.12-41 分水观汶

　　此图绘记南旺分汶济运解决黄运、陆运、海运耗费及风险问题情形。汶河分水口在汶上县南旺集，其约束承接汶水入运，分流南北。据考，明永乐初，海运沿用元时故道，河运则由江浮淮，入于黄河，直至河南阳武转发陆运，过卫辉府由御河运达北京。永乐九年（1411），宋礼督浚河运，采纳治河老人白英意见，在戴村筑玲珑坝，遏束汶河全流，使之尽西入南旺，其水三分南接徐州吕梁洪，七分北汇漳、卫。道光二十三年（1843）夏，麟庆过登来汶楼，见舟楫往来，到此皆成顺水下行，不由感叹：明初运道，海险陆费，耗财溺舟，岁以亿万计。自从宋礼分汶，南北漕渠贯通，每年漕运东南数百万粮食至京师，全借此一线。汶流分济南北，旱不至涸滞病漕，潦不至溃决病民，宋礼分汶治漕居功至伟。

4.12-42佛香瞻相

此图绘记麟庆奉旨发往河南山东河道中牟工堵决情形。道光二十三年（1843），河南中河厅中牟下汛八堡黄河异涨，六月二十七日夺溜南趋，导致漫口，口门宽三百六十丈。尚书廖鸿荃、河南山东河道总督钟祥督工堵决。闰七月十九日，旨着麟庆发往东河交廖鸿荃、钟祥差遣委用，效力中牟堵决工程。

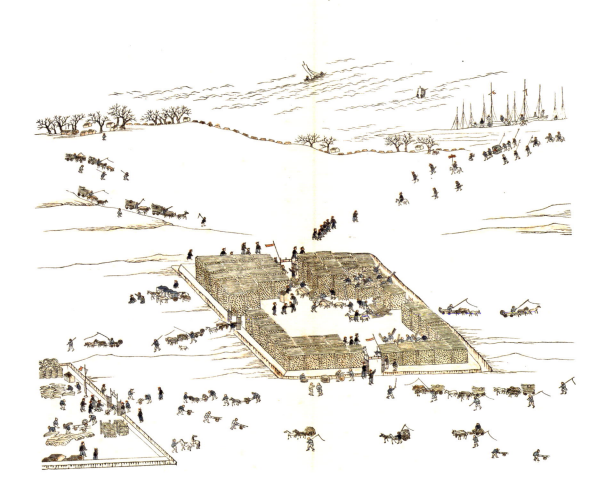

捷 聞 廠 料

4.12-43 料厂闻捷

此图绘记麟庆在中河东张堤工料厂组织采办河工用料情形。道光二十三年（1843）
八月，麟庆抵达河南工地，督帅经管开厂买料事宜，估算河工正料需要一万一千余垛。
之前，有御史奏称，前年祥符工料派给各州县协济，或按亩科敛，或择户捐摊，或封禁
民柴，或勒派车辆，几乎滋扰成事。因此，廖鸿荃等商定河工料以采买为正途。又令麟
庆调查以往大工，以秸料为正宗，历届或全派州县，或酌饬协济，从未尽向民间采买。
此次为体恤民情，但顾虑乡愚观望、工棍把持、奸贩居奇、书差索费，或致迟误。于是
让厂员设法招徕，严查包揽，来料随到随收，价格不折不扣。东岸料厂于十月先完成采
买料额，西岸料厂于十一月完成采买料额，幸未耽误河工用料。

4.12-44 引河抢红

此图绘记麟庆督工挑挖中牟大工引河情形。所谓抢红，是在治河工程中，凡挑河、安塘、插锨，做工至五六成时，实行挂红悬赏，夫役是以钱、布、酒、肉，兵卒加靴帽，先完工者得。做工至九成时，工人则张红伞、设响灯谢神，即以红伞写众人名字，红纸灯缀铃铛。中牟大工引河共估挑一百四十八沟，用工八十四。除了留引河头七十余丈抢挑，计共长三万一千九百五十七丈。道光二十三年（1843）九月初八日兴工。麟庆奉命周历复勘，确系河里挑河，因势利导。饬令总催官按段插大小旗，签钉信桩、口橛，饬令分催官严督工员抢挑子河得底，总期如限完工。幸官弁踊跃，冬日多晴，惟十月末间有风雪，麟庆前往工地巡察，适值抢红。

黄 廟 養 疴

4.12-45 黄庙养疴

此图绘记麟庆完成中牟引河工及在开封黄大王庙养病情形。道光二十三年（1843）冬十月，礼部尚书麟魁会办中牟大工。翌年春正月，引河抢挖完工验收。后二月初，引河启放顺畅。岂料大工东坝走埽五占，功败垂成，于是暂停施工。麟庆因所督办引河抢挑工程无误，免受议责，得旨着其留工，交钟祥、鄂顺安差遣委用，移寓河南省城宋门街黄大王庙。

4.12-46 牟工合龙

　　此图绘记中牟河堤大工合龙情形。道光二十四年（1844），中牟大工停缓，过伏汛之后复议兴工。钟祥、鄂顺安督办，随估工费四百五十万两。设局议定，仍在原处接筑大坝，引河内重加挑深。大坝下添筑二坝，引河上移，建新挑水坝，修旧挑水坝。上游河身坐湾处所添挑小引沟一道，以备宣泄。十月开工，麟庆与革职留任东河总督慧成稽查两坝工料，总理钱粮。腊月十八日启放引河后，西坝门占首先做成。二十三日东坝门牵拉捆厢船出位，祭河神，投五色粽，悬九莲灯，当夜火烛星辉、畚臿云举。二十四日寅刻，挂缆、排绳、钉橛，鸣锣喝号指挥两坝兵夫齐心协力，层土层秸，一气追压到底。二十五日夜，西坝连占陡蛰，高出水面三丈，赶紧抢工加筑五个昼夜方才稳定。三十日关埽成功，金门断流，全黄归故。

牟工合龍

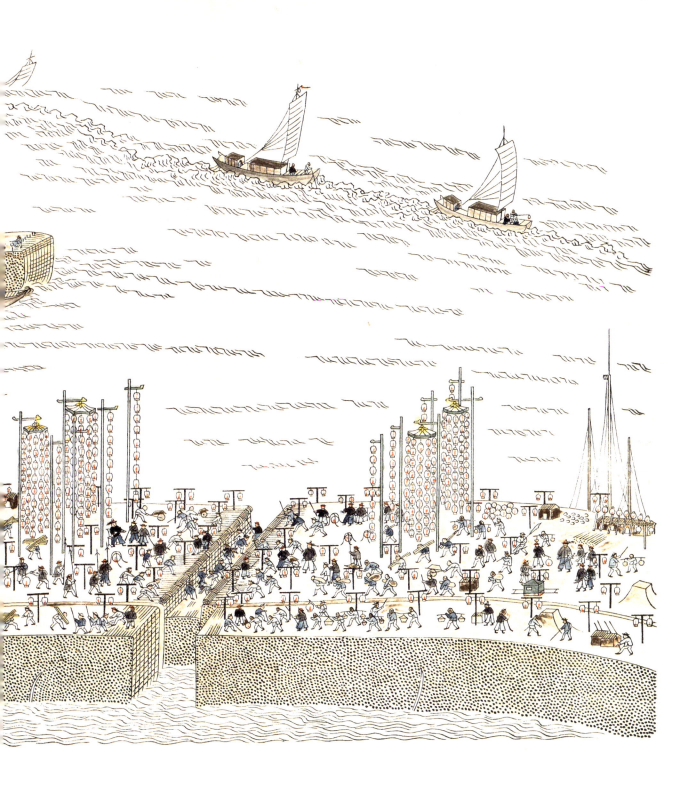

4.12-47同春听筝

　　此图绘记中牟大工合龙之后善后工程情形。道光二十五年（1845）正月准部文，中牟大工合龙，慧成等在工差委，各著勤劳。慧成以员外郎用，麟庆以四品京堂用，牛鉴赏七品顶戴。麟庆等到善后工程竣工，再行到京。善后工程，鄂顺安、牛鉴劝捐得钱一百二十余万串，河督钟祥、按察使王寿昌勘定加镶各坝、抛护碎石、跟浇土戗补还缺口、挑切引沟、帮培长堤等，共估银四十九万余两。

库伦奉使

4.12-48 库伦奉使

　　此图绘记麟庆渡黄河北上到京请训情形。道光二十五年（1845）二月准部文，麟庆着赏给二等侍卫，作为库伦办事大臣，驰驿前往。不久又着即来京请训。麟庆虽腿疾因督工受寒加剧，仍立即渡河北上。

4·13 山东黄河中游河工全图

清光绪二十九年（1903）绘制，不注绘者。纸本彩绘，画方，未注计里，比例尺约为1:80000。长卷，纵33厘米，横202厘米，藏美国国会图书馆。

全图以黄河逆流方向的右岸为上方，大致以西北为上，东北自济阳、历城界附近沟杨家、漯沟起，西南至寿张、阳谷县界附近红沙岭止，描绘山东黄河中游河段河道形势、堤埝埽坝工程详细情形。图中房舍、山峦略具形象绘法，其余以线条表示。黄河以双廓线填黄色标绘，运河以浅青色标绘，堤埝埽坝等河工以不同线条填褐色标绘，河防营堡和村落以不同符号标绘。图中重点表现济南附近黄患疏浚工程，贴黄签注记黄河险工位置、埽坝数目等，贴红签注记河防营营官及各县县吏承防、分防、兼防区段范围与里数。

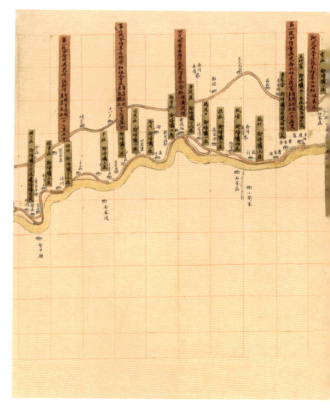

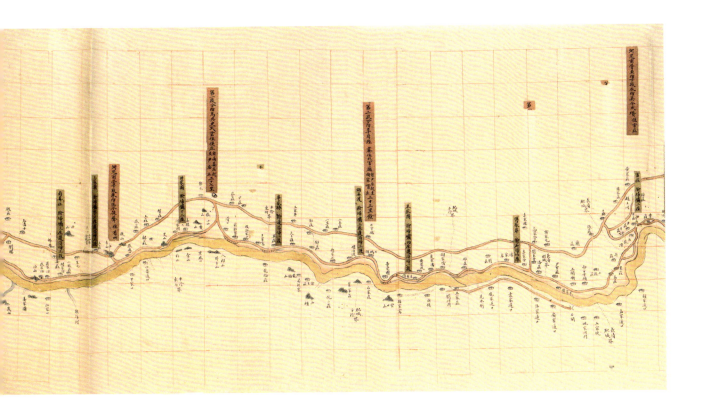

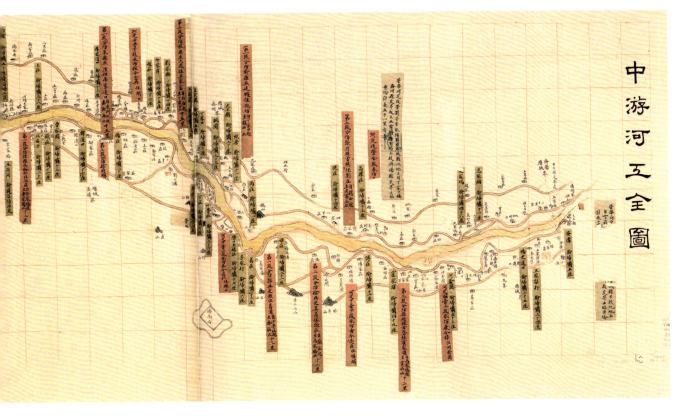

出版说明

　　山东是黄河流域唯一的沿海省份、黄河流域最便捷的出海口，因此被赋予"发挥山东半岛城市群龙头作用，推动沿黄地区中心城市及城市群高质量发展"的国之重任。由此也可见山东在新时代黄河流域生态保护和高质量发展战略中举足轻重的地位。

　　为认真贯彻落实好习近平总书记关于中华优秀传统文化"两创"的重要指示精神和对山东"三个走在前"的重要指示要求，充分发挥出版界的内容资源、作者资源、品牌资源优势，以精品力作书写新时代黄河精神，使读者能够从历史和专题的角度，生动立体地来认识黄河、了解黄河、感知黄河，更好地传承弘扬黄河文化、提升发展质量，进而为中华民族的伟大复兴提供精神动力和智力支持，按照山东省委、省政府部署，山东省委宣传部策划、山东出版集团组织实施了《黄河大系》的编纂出版。

　　《黄河大系》为山东省习近平新时代中国特色社会主义思想研究中心重大项目，同时列入山东省社科规划重大委托项目。山东省委常委、宣传部部长白玉刚对项目高度重视，提出明确要求。山东省委宣传部分管日常工作的副部长龚艳春，山东省委宣传部副部长、一级巡视员魏长民对项目编写作出具体指导。《黄河大系》共十二卷二十册，由山东出版集团所属的七家出版社共同承担出版任务。分别是：

　　《图录卷》精选存世的汉代至1911年关于黄河的历史图画，提纲挈领地体现黄河文化的整体感和黄河文明的立体性，画龙点睛，展示黄河文化的博大精深与兴衰起伏。（齐鲁书社，1册）

　　《文物卷》分为陶器、玉器、青铜器三册，以历史时期的黄河流域为时空依据，以物说文，精彩阐释黄河作为中华民族母亲河的文化象征意义和厚重典雅的文明积淀。（齐鲁书社，3册）

　　《古城卷》选择黄河现在流经的主要古城，解说以这些古城为代表的中华优秀传统文化和重要历史遗产，为触摸黄河文明提供实体参照和文化坐标。（山东画报出版社，1册）

《诗词卷》收录中华人民共和国成立前吟咏黄河及其相关重要人文遗迹、重大事件、历史人物、风物民俗的诗词，以古典诗体作品为主。（山东文艺出版社，3册）

《书法卷》以时间为坐标，以书法艺术为参照，梳理展示黄河文化的深厚源流和传承脉络，从文体风格到作品内容实现高度融合。（山东美术出版社，2册）

《绘画卷》古代卷体现黄河文脉孕育的数千年文化精神成果，现当代卷体现黄河精神的发扬创新和时代风貌，用丹青成果再现黄河文化的灿烂辉煌。（山东美术出版社，2册）

《戏曲卷》梳理沿黄河九省（区）戏曲脉络，详述代表性剧种的源流变迁、著名演员、代表剧目及本省（区）戏曲界重大事件等。（山东人民出版社，2册）

《民乐卷》主要展示黄河流域的民间歌咏、器乐、曲艺，精选二十七个国家级"非遗"品类，阐述其文化根源、艺术特点和历史沿革。（山东友谊出版社，1册）

《民艺卷》主要收录黄河流域国家级"非遗"项目中的传统美术类、传统技艺类代表性项目，挖掘、展示黄河文化孕育的传统手工艺的文化内涵与美学价值。（山东友谊出版社，1册）

《民俗卷》重点展现沿黄河九省（区）国家级"非遗"项目中的民俗类代表性项目，阐发黄河流域民俗诞生、发展与黄河的血脉之情。（山东友谊出版社，1册）

《水利卷》详细介绍自古以来黄河水利发展历史，系统展示中华民族探索黄河、认识黄河、开发利用黄河水利的历史，以及黄河流域生态保护和发展的思想史。（齐鲁书社，2册）

《生态卷》重点介绍黄河流域生态特点、生态治理与可持续发展等内容，并对流域生态治理与高质量发展提出建议与对策。（山东科学技术出版社，1册）

这十二卷图书内容各有侧重、自成体系、交相辉映、相辅相成，力求展示黄河文化多元立体的生动厚重形象。

尽管我们怀着美好的初衷，做了不少努力，但是不足之处在所难免，诚恳希望读者和各界朋友批评指正。

山东出版集团

2024年3月